Arbeitsrecht
für Arbeitnehmer

EDITION XXL

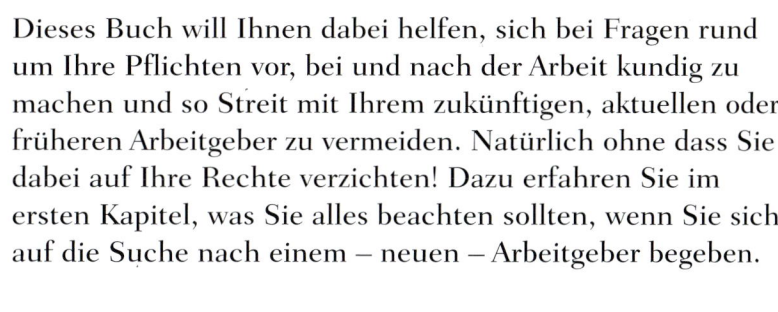

Gebrauchsanleitung für dieses Buch

Dieses Buch will Ihnen dabei helfen, sich bei Fragen rund um Ihre Pflichten vor, bei und nach der Arbeit kundig zu machen und so Streit mit Ihrem zukünftigen, aktuellen oder früheren Arbeitgeber zu vermeiden. Natürlich ohne dass Sie dabei auf Ihre Rechte verzichten! Dazu erfahren Sie im ersten Kapitel, was Sie alles beachten sollten, wenn Sie sich auf die Suche nach einem – neuen – Arbeitgeber begeben.

Das Kapitel 2 behandelt alle Rechtsfragen rund um den Arbeitsvertrag. Darf Ihr Job befristet werden? Wenn ja, wie lange? Welche Rechte haben Sie in der Probezeit? Sie erfahren auch, ob Sie sich auf die Hinterbeine stellen müssen, wenn es um Entgelt, Gehaltssteigerungen, Urlaub oder sonstige Rechte geht. Denn nicht für alle Unternehmen gelten Tarifverträge und Betriebsvereinbarung.

Kapitel 3 beantwortet Ihnen die Rechtsfragen, die im Arbeitsalltag immer wieder auftauchen. Dabei geht es natürlich um das liebe Geld, aber auch um Urlaub und Freistellungen, Ihre Schutzrechte sowie Ihre Pflichten dem Arbeitgeber gegenüber.

Das letzte Kapitel schließlich zeigt Ihnen, wie Sie sich bei drohenden Kündigungen verhalten sollten und wie Sie sich gegen Kündigungen wehren können. Sie erfahren natürlich auch, was Sie tun und lassen sollten, wenn Sie selbst kündigen, und wie Ihr Zeugnis aussehen sollte, damit Ihr neuer Chef Sie gern nimmt.

Viel Erfolg dabei!

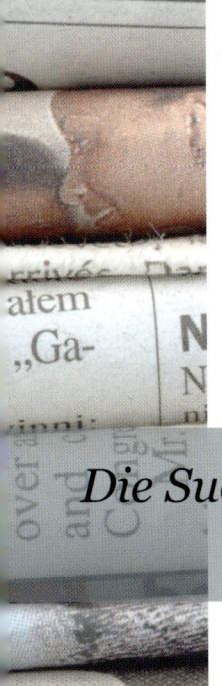

Die Suche nach dem perfekten Arbeitgeber

Wenn „die Chemie" zwischen Arbeitnehmer und Arbeitgeber stimmt, wenn „der Neue" ins Team passt, dann kann das Arbeitsverhältnis länger dauern als manche Ehe. Gerade Berufsanfänger machen jedoch häufig Abstriche bei ihren Vorstellungen vom perfekten Arbeitgeber – leider oft auch, weil sie müssen. Und viele, die in Lohn und Brot stehen, scheuen trotz großer Unzufriedenheit den Wechsel. Laut einer Studie der Managementberatung Kienbaum aus dem Jahr 2005 werden 5 bis 25 Prozent der getroffenen Personalentscheidungen innerhalb der ersten beiden Jahre vom Unternehmen oder von den neuen Mitarbeitern selbst revidiert. Wobei 2 Jahre angeblich noch als akzeptabel gelten, damit Sie nicht als „Jobhopper" abgestempelt werden. Besser also, Sie prüfen sich und Ihren zukünftigen Arbeitgeber, damit sparen Sie Geld und Nerven.

Die ersten Schritte zum neuen Job: Stellenanzeige und Bewerbungsmappen

Natürlich stellen sich Arbeitgeber in Stellenanzeigen so positiv wie nur möglich dar, doch lügen dürfen sie nicht. Und so „putzen" sie sich halt mit schönen Formulierungen heraus. Hier gilt es also zwischen den Zeilen zu lesen. Doch das gleiche Recht haben Sie als Bewerber: In Ihrer Bewerbungsmappe dürfen Sie sich und Ihre Fähigkeiten im besten Licht präsentieren. Aber auch Sie müssen sich dabei an die Wahrheit halten.

Manche Arbeitgeber wollen mithilfe entsprechend getexteter Stellenanzeige eine „Marke" schaffen, um für Bewerber interessant zu sein. Weil Stellenanzeigen billiger sind und mehr gelesen werden als reine Image-Anzeigen, kann es sogar sein, dass das Unternehmen Stellenanzeigen veröffentlicht, obwohl es niemanden konkret sucht. Sie erkennen solche „Fake-Anzeigen" in der Regel daran, dass sehr viel über das Unternehmen geschrieben wird, aber nur wenig über die zu besetzende Stelle. Andere Indizien dafür, dass das Unternehmen einfach bekannt

werden möchte, aber keine Bewerber sucht: Die Stellenbeschreibung ist sehr allgemein gehalten oder es werden viele Stellen auf einmal ausgeschrieben.

Wer sich für eine Stelle interessiert, sollte sich, bevor er seine Bewerbung losschickt, bei Freunden und Bekannten über das jeweilige Unternehmen erkundigen, sich deren Homepage ansehen, in Zeitungen und im Netz recherchieren und versuchen, aktuelle Mitarbeiter zu finden, zum Beispiel in sozialen Netzwerken wie XING oder Facebook.

■ Zwischen den Zeilen lesen

Stellenanzeigen müssen neutral abgefasst sein. Die gesetzlich zugelassenen Ausnahmen bestätigen dabei die Regel. Das Unternehmen, das Stellenanzeigen schaltet oder auf seine Homepage stellt,

muss das Allgemeine Gleichbehandlungsgesetz (AGG) beachten. Die juristische Kette lautet: § 11 AGG: „Ein Arbeitsplatz darf nicht unter Verstoß gegen § 7 AGG ausgeschrieben werden.

§ 7AGG wiederum verweist auf § 1 AGG. Und da steht endlich, dass niemand wegen seiner Rasse, der ethnischen Herkunft, des Geschlechts, der Religion oder Weltanschauung, einer Behinderung, des Alters oder der sexuellen Identität benachteiligt werden darf. Verstößt ein Unternehmen gegen das AGG, kann es von Bewerbern, die sich diskriminiert fühlen, verklagt werden (siehe Seite 29). Deswegen sind heutzutage die Formulierungen in Stellenanzeigen „juristisch weichgespült" und strotzen nur so von Allgemeinplätzen. Dennoch sagen vor allem das Anforderungsprofil und die zu übernehmenden Tätigkeitsfelder viel über die zukünftige Arbeit aus.

INFO Neutrale Bewerbungen

Aktuell in der Diskussion sind neutrale Bewerbungen, die beispielsweise in Schweden schon gang und gäbe sind. Neutrale Bewerbung heißt, dass die Bewerbungsunterlagen weder ein Bild enthalten, noch den Namen oder das Geburtsjahr nennen dürfen. Auch die bisher ausgeübten Tätigkeiten sind dann ohne Datumsangaben aufzuführen. So sollen Benachteiligungen aufgrund von Geschlecht, ethnischer Zugehörigkeit oder Alter vermieden werden – mit Erfolg. Denn Studien haben gezeigt, dass Frauen oder Arbeitsuchende mit Migrationshintergrund bei neutralen Bewerbungen deutlich häufiger zu Bewerbungsgesprächen eingeladen werden als bei personalisierten Bewerbungen.

Gesucht wird der „perfekte Bewerber", die eierlegende Wollmilchsau, die unter Wasser kochen und stricken kann. Sie brauchen keine Minderwertigkeitskomplexe zu bekommen, wenn Sie nur einen Teil dieser Anforderungen erfüllen, sollten aber in Ihrer Bewerbung Stellung zu den Punkten beziehen, die Sie Ihrer Einschätzung nach nicht ganz oder noch nicht erfüllen. Wenn im Anzeigentext eine Telefonnummer angegeben ist oder wenn Sie dort lesen „Für weitere Fragen steht Ihnen gern unsere Mitarbeiterin Frau XYZ zur Verfügung", dann signalisiert dies: Bitte zuerst anrufen, bevor Sie die Bewerbung schicken. So können Sie auch klären, ob Sie für die Position tatsächlich geeignet sind oder nicht. Übrigens: Die Hierarchiestufe der als Ansprechpartner genannten Person gibt Ihnen einen Hinweis darauf, wie wichtig dem Unternehmen die zu besetzende Stelle ist. Der „normale" Mitarbeiter in der Personalabteilung ist in der Regel für Aushilfstätigkeiten, befristete Stellen oder Jobs der unteren Hierarchiestufen zuständig. Der Leiter der Personalabteilung oder ein namhafter Personalberater als Ansprechpartner zeigen hingegen, dass die zu besetzende Position in der oberen Hierarchieebene anzusiedeln ist.

Reagieren Sie nicht zu schnell auf eine Stellenanzeige. Vor allem dann nicht, wenn das Unternehmen in einer Zeitung oder einem Fachblatt inseriert hat und wenn es die Bewerbungsunterlagen auf dem „klassischen Weg" per Post zugeschickt bekommen will. Häufig sind Personaler recht konservative Menschen. Flattert ihnen schon drei Tage, nachdem sie die Anzeige geschaltet haben, eine Bewerbung auf den Schreibtisch, vermuten sie, dass der Bewerber sich „rundum"

bewirbt und die Unterlagen schon fertig hat oder dass er dringend einen Job braucht. Häufig unterstellen sie auch, dass derjenige, der schnell reagiert, sich nicht gründlich mit der Position und dem Unternehmen auseinandergesetzt hat. Wenn eine Bewerbungsfrist in der Anzeige genannt wird, sollten Sie diese nicht bis ganz zum Schluss ausreizen.

Haben Sie, aus welchen Gründen auch immer, die Bewerbungsfrist verpasst, rufen Sie im Unternehmen an, erklären Sie, dass und warum Sie die Frist verpasst haben und fragen Sie, ob es noch sinnvoll ist, Ihre Bewerbung trotzdem zu schicken. Vielleicht ist ja die Sichtung der Unterlagen noch nicht abgeschlossen.

■ Vorsicht bei Chiffre-Anzeigen

Unternehmen können ihre Stellenanzeigen auch unter Chiffre schalten. Dann ist Ihre Bewerbung eine Art „Blindbewerbung", weil Sie nicht wissen, bei welchem Unternehmen Sie sich bewerben. Das kann für Sie vor allem dann unangenehm werden, wenn Sie sich bei Ihrem eigenen Unternehmen bewerben. Denn Sie signalisieren Wechselwilligkeit – und nicht jeder Chef reagiert souverän darauf.

Es kann aber auch sein, dass ein Unternehmen deshalb eine Chiffre-Anzeige schaltet, weil es der Person, deren Stelle es zu besetzen gilt, noch gar nicht gekündigt hat. Auch in dem Fall „kommt es nicht gut", wenn Sie sich selbst auf Ihre Stelle bewerben. Wenn Sie nicht „ahnen", wer eine Stelle unter Chiffre inseriert, sollten Sie Ihre Unterlagen mit einem Sperrvermerk versehen.

> **TIPP Auf Chiffre-Anzeigen reagieren?**
> *Nur als Berufsanfänger oder bei einem kompletten Wechsel des bisherigen Berufswegs sollten Sie auf Chiffre-Anzeigen reagieren. Unternehmen, die Chiffre-Anzeigen aufgeben, wollen häufig „nur mal" den Markt testen. Oder sie sind zu geizig, qualifizierte Personalberater einzuschalten, wenn sie, aus welchen Gründen auch immer, nicht selbst am Markt erscheinen wollten.*

■ Bei Bewerbungen immer nahe an der Wahrheit bleiben

„Schönfärben" im Lebenslauf oder Anschreiben ist erlaubt. Sie dürfen mit Worten spielen und sich so positiv darstellen, wie die Firma sich in der Stellenanzeige präsentiert hat. Sie dürfen Kleinigkeiten im Lebenslauf weglassen, wenn diese Sie nicht von Ihrer besten Seite zeigen oder schlicht unwichtig sind. Sie dürfen sich als hoch motiviert oder überaus engagiert im Team darstellen, selbst wenn Sie dort nicht „der Reißer" waren. Sie dürfen die Wichtigkeit von Tätigkeiten, die einem

flüchtigen Leser eher unbedeutend erscheinen, hervorheben. Sie dürfen auch angeben, jede Arbeit mit Engagement und Liebe ausgeführt zu haben. Das wird Ihnen zwar niemand glauben, aber es ist kein Täuschungsversuch. Nur eines dürfen Sie nicht: lügen!

Denn kommt Ihnen Ihr Arbeitgeber irgendwann auf die Schliche, ist das ein Grund für einen fristlosen Rauswurf – und zwar auch nach der Probezeit oder sogar dann, wenn Sie schon seit Jahren im Unternehmen tätig sind und niemand etwas an Ihrer Arbeit auszusetzen hatte. Der Arbeitgeber, der erfährt, dass sein Mitarbeiter bei der Bewerbung falsche Angaben gemacht hat, kann das Arbeitsverhältnis wegen arglistiger Täuschung anfechten. Natürlich muss die Einstellung wegen der Angaben erfolgt sein, die sich hinterher als manipuliert herausgestellt haben, also etwa frisierte oder gar gefälschte Zeugnisse, falsche Abschlüsse oder ein Lebenslauf, der in vielen Teilen nicht der Realität entspricht (Landesarbeitsgericht/LAG Baden-Württemberg, Urteil vom 13.10.2006 – Sa 25/06).

Die einzige gute Nachricht: Der Arbeitsvertrag ist nicht von Anfang an nichtig, sondern erst ab dem Zeitpunkt, zu dem er wirksam angefochten wurde. Deshalb kann der Arbeitgeber den bis dahin gezahlten Arbeitslohn nicht vom Arbeitnehmer zurückverlangen (Landesarbeitsgericht/LAG Berlin-Brandenburg, Urteil vom 24.8.2011, 15 Sa 980/11).

■ *Diese Bewerbungskosten sind Privatsache*

Kosten für Bewerbungsfotos, Papier, Toner/Tinte, Kopien, Porto und Telefon sowie für das Einrichten einer eigenen Web-site beziehungsweise für eine Mitglied- schaft in Social Media wie Facebook, LinkedIn oder XING müssen Sie in der Regel selbst tragen. Lediglich für Kosten, die Ihnen im Zusammenhang mit dem Vorstellungsgespräch entstehen, können Sie unter bestimmten Bedingungen einen Ersatz von dem Unternehmen verlangen, bei dem Sie sich vorgestellt haben (siehe Seite 34 f.). Achtung: Das Schreiben Ihrer Bewerbung während der Arbeitszeit oder das Anfertigen von Kopien auf Kosten Ihres (Noch-)Arbeitgebers ist ein Vertrauensbruch und stellt einen Grund für eine fristlose Entlassung dar.

TIPP **Steuern sparen**

Ihre Bewerbungskosten können Sie – sofern der potenzielle Arbeitgeber sie Ihnen nicht erstattet – als Werbungskosten bei den Einkünften aus nicht selbstständiger Tätigkeit geltend machen. Zu Buche schlagen sie aber erst, wenn der Werbungskostenpauschbetrag (der steuerlich korrekt Arbeitnehmerpauschbetrag heißt) in Höhe von 1000 Euro überschritten wird.

Das Vorstellungsgespräch: Als Bewerber müssen Sie Rede und Antwort stehen

Jeder Unternehmer, der einen Mitarbeiter neu einstellen will, möchte möglichst viel über die Kandidaten für die zu besetzende Stelle erfahren. Denn Fehler bei Neueinstellungen kommen ihn nicht nur finanziell teuer zu stehen, sondern schaden – je nach Hierarchiestufe der „Fehlbesetzung" – auch dem Ruf des Unternehmens. Das heißt aber nicht, dass Sie alle Fragen Ihres potenziellen Arbeitgebers beantworten müssen. Seiner Neugier haben die Gerichte klare Grenzen gesetzt.

■ Ihre Persönlichkeit dürfen Sie schützen

Das Grundgesetz garantiert jedem Bürger das Recht auf Achtung und Entfaltung der eigenen Persönlichkeit. Damit werden dem Fragerecht des Unternehmers durch die verfassungsrechtlich verankerten Rechte jedes Individuums Grenzen gesetzt. Der Arbeitgeber darf Sie nur nach solchen Gegebenheiten fragen, die objektiv geeignet sind, das Risiko, das für ihn als Arbeitgeber im Abschluss eines Arbeitsvertrags mit Ihnen liegt, zu erhöhen.

Aber: Sie als zukünftiger Arbeitnehmer müssen bestimmte Dinge von sich aus ansprechen. Das heißt, Sie müssen Ihren möglichen Arbeitgeber über bestimmte Dinge aufklären, selbst wenn Sie beim Einstellungsgespräch nicht danach gefragt werden. Ist es Ihnen etwa nicht möglich, arbeitsvertragliche Leistungen zu erbringen, dann müssen Sie dies von sich aus offenlegen. Das gilt auch dann, wenn Sie annehmen müssen, dass bestimmte persönliche Belange für den Arbeitsplatz von ausschlaggebender Bedeutung sind. Sie müssen zum Beispiel ungefragt darüber aufklären, dass Sie ...

- ... in absehbarer Zeit eine Haftstrafe antreten müssen.

- ... eine ansteckende Krankheit haben.

- ... eine schwere Krankheit haben, die Sie dauerhaft daran hindert, die Arbeitsleistung zu erbringen.

- ... bei Arbeitsbeginn in Kur sind.

- ... schwanger sind und deshalb die geforderte Arbeitsleistung nicht erbringen können.

- ... schwerbehindert sind und deshalb die geforderte Arbeitsleistung nicht erbringen können.

- ... vorbestraft und deshalb für die Tätigkeit generell ungeeignet sind.

- ... aktuell einem Wettbewerbsverbot unterliegen und deshalb nicht oder nur teilweise in der Lage sind, die geschuldete Arbeitsleistung zu erbringen.

Es wird zwar immer wieder behauptet, Sie als Bewerber hätten das Recht, im Bewerbungsgespräch zu lügen. Das stimmt so uneingeschränkt jedoch nicht und kann einen Grund für eine personen- und verhaltensbedingte Kündigung darstellen. Unter keinen Umständen dürfen Sie bei den offenbarungspflichtigen Tatbeständen lügen. Denn damit liefern Sie den Grund für eine fristlose Kündigung „auf dem Silbertablett".

■ Das Fragerecht Ihres möglichen Arbeitgebers

Die Gerichte erkennen ein Fragerecht des Arbeitgebers bei den Einstellungsverhandlungen nur insoweit an, als er ein berechtigtes, billigenswertes und schutzwürdiges Interesse an der Beantwortung seiner Frage hat (die in direktem Zusammenhang mit dem Arbeitsverhältnis stehen muss). Berechtigt ist sein Interesse dann, wenn es so gewichtig ist, dass das Interesse des Arbeitnehmers, seine persönlichen Lebensumstände zum Schutz seines Persönlichkeitsrechts und zur Sicherung der Unverletzlichkeit seiner Individualsphäre geheim zu halten, dahinter zurücktreten muss (BAG, Urteil vom 5.10.1995 – 2 AZR 923/94).

Vom Arbeitgeber gestellt werden dürfen beispielsweise folgende Fragen:

- Wie sind Ihre Zeugnisse und Prüfungsnoten?

- Wie sieht Ihr bisheriger beruflicher Werdegang aus?

- Wie hoch ist Ihr bisheriges Gehalt? Wichtig: Diese Frage ist unzulässig, wenn die frühere oder aktuelle Bezahlung keine Aussagekraft für die neue Position hat und der Bewerber sie auch nicht als Mindestvergütung gefordert hat.

- Besteht ein Wettbewerbsverbot?

- An welchen Erkrankungen leiden Sie? Wichtig: Diese Frage ist nur in allgemeiner Form zulässig, beispielsweise in der Form, ob der Bewerber in den letzten ein bis zwei Jahren schwerwiegend oder chronisch (arbeitsunfähig) krank war – und auch nur dann, wenn die Krankheit Einfluss auf die vorgesehene Arbeitsleistung hat.

- Sind Sie schwerbehindert?

- Wie sind Ihre Vermögensverhältnisse? Wichtig: Diese Frage ist nur bei leitenden Angestellten, Filialleitern oder Kassierern, also Personen, die in besondere Vertrauensverhältnisse eingestellt werden, zulässig.

- Bestehen Lohn- oder Gehaltspfändungen?

- Sind Sie vorbestraft? Wichtig: Diese Frage ist nur zulässig, wenn die Antwort im Zusammenhang mit der angestrebten Position und Tätigkeit steht. Ein möglicher Mitarbeiter, der Inkasso betreiben oder als Kassierer tätig werden soll, darf nach Vermögensdelikten befragt werden. Ebenso darf ein Lkw-Fahrer nach Fahrverboten befragt werden.

Nicht gestellt werden dürfen hingegen folgende Fragen:

- Fragen, welche die Intimsphäre betreffen oder die unzulässig Stress erzeugen sollen, wie die Frage: „Was kann Ihre Frau am wenigsten an Ihnen leiden?" Oder: „Morgen müssen Sie oder Ihr Kind sterben. Für wen von Ihnen beiden würden Sie sich entscheiden?"

- Die Frage nach einer in absehbarer Zeit beabsichtigten Eheschließung.

- Die Frage nach einer bestehenden Schwangerschaft. Wichtig: Die Frage nach der Schwangerschaft darf gestellt werden, wenn sie dem objektiven Schutz der Bewerberin und ihres ungeborenen Kindes dient.

- Die Frage nach der Zugehörigkeit zu einer Gewerkschaft.

- Die Frage nach der Religion. Ausnahme: Das Unternehmen, bei dem Sie sich bewerben, ist konfessionell gebunden.

- Die Frage nach der Parteizugehörigkeit. Ausnahme: Das Unternehmen, bei dem Sie sich bewerben, ist parteipolitisch gebunden.

- Die Frage nach einer Aids-Infektion. Ausnahme: Sie als Bewerber befinden sich bereits in einem akuten Krankheitsstadium.

TIPP Schweigen ist Gold

Werden Ihnen unzulässige Fragen gestellt, können Sie entweder die Antwort verweigern oder wahrheitswidrig antworten. Kommt das Arbeitsverhältnis dann zustande, kann Ihnen der Arbeitgeber nicht wegen arglistiger Täuschung kündigen.
Lügen Sie dagegen auf eine zulässige Frage, kann der Arbeitgeber das Arbeitsverhältnis wegen arglistiger Täuschung anfechten.

■ Nachfragen bei Kollegen und früheren Chefs

Haben Sie Ihr Arbeitsverhältnis bereits gekündigt, braucht Ihr potenzieller neuer Arbeitgeber für Auskünfte, die er über Sie einzieht, keine Erlaubnis von Ihnen – noch nicht einmal dann, wenn Sie aktuell noch bei Ihrer alten Firma arbeiten. Nur wenn Sie in Ihrer Bewerbung einen Sperr- oder Vertraulichkeitsvermerk gemacht haben, muss das Unternehmen, bei dem Sie sich beworben haben, Sie vorher fragen. Ist Ihr Arbeitsverhältnis zum Zeitpunkt Ihrer Bewerbung schon beendet, kann es sogar gegen Ihren Willen Auskünfte einholen.

Der potenzielle Arbeitgeber muss die in Erfahrung gebrachten Daten vertraulich behandeln. Tut er das nicht, haftet er

Ihnen gegenüber für einen möglichen Schaden. Wurde eine Auskunft schriftlich eingeholt und auch schriftlich gegeben, muss Ihr früherer Arbeitgeber Sie darüber unterrichten, dass er eine Auskunft erteilt hat. In diesem Fall haben Sie ein Recht darauf, eine Kopie zu erhalten.

Komplett anders stellt sich die Situation dar, wenn Sie sich aus einer ungekündigten Stellung heraus bewerben und Ihrer Bewerbung ein sogenanntes Zwischenzeugnis beifügen. Bei einem ungekündigten Arbeitsverhältnis darf das Unternehmen, bei dem Sie sich bewerben, nur mit Ihrer Einwilligung Ihren aktuellen Arbeitgeber über Sie befragen. Achtung: Die Auskunft, die ein früherer Arbeitgeber erteilt, muss zwar sachlich richtig sein, darf aber – im Gegensatz zum Zeugnis – auch für Sie ungünstige Aspekte beinhalten, da sie sich nur an eine Person richtet, nämlich an denjenigen, der um Auskunft nachsucht.

WICHTIG **Vertrauenswürdige Referenzgeber**

Wenn Sie Referenzpersonen in Ihrer Bewerbung angeben, sollten Sie darauf achten, dass Sie diesen Personen auch tatsächlich vertrauen können. Das gilt vor allem bei einem ungekündigten Arbeitsverhältnis und einer Referenzperson aus dem eigenen Unternehmen. Bitten Sie diese Personen vor der Nennung im Bewerbungsschreiben um Erlaubnis. Fragen Sie auch, wie ein Nachfrager sie am besten erreichen kann.

▪ *Virtuelle Fallstricke für Bewerber: Facebook & Co.*

Soziale Netzwerke wie Twitter, Facebook, LinkedIn, XING etc. liegen im Trend. Viele posten dort ihre – meist privaten – Nachrichten an Freunde, Follower oder eben „an alle". Und genau darin liegt das Problem. Wer nicht genau bestimmt, wer welche Nachrichten, Bilder oder Einladungen erhält, der wird für die gesamte virtuelle Welt gläsern. Das wissen auch viele Personaler und durchkämmen die Social Media nach zusätzlichen Informationen über die Bewerber. Und werden immer häufiger fündig, leider oftmals auch zum Nachteil der Bewerber.

■ Die Gefahren des WWW

Das Netz vergisst nichts. Was einmal drinsteht, kann praktisch nie mehr gelöscht werden und immer wieder „hochpoppen". Das wiederum heißt, dass viele Menschen auch nach Jahren noch mit dem konfrontiert werden können, was sie heute in den verschiedenen Social Media veröffentlichen. Und wer sich im Netz ausschließlich mit „geilen" Partybildern, Kommentaren über „Format-C-Saufen", radikalen politischen oder religiösen Parolen und Ähnlichem präsentiert, darf sich nicht wundern, wenn er für verantwortungsvolle Führungspositionen wenig geeignet erscheint. Schwartz Public Relations und PR Netzwerk Eurocom Worldwide befragen jährlich europäische Führungskräfte von Technologieunternehmen. Im Januar und Februar 2012 haben rund 300 Personen teilgenommen. Das Ergebnis: 40 Prozent der Befragten gaben an, die Social-Media-Profile von Bewerbern zu prüfen. Und schon dadurch disqualifizieren sich 20 Prozent der Bewerber selbst, weil sie Inhalte ins Netz gestellt haben, welche die Personaler in Firmen unangemessen finden

Wer nun glaubt, sein Internetprofil könne keine Auswirkungen auf sein berufliches Fortkommen haben, weil ja nur die Großen oder diejenigen Firmen, die viel mit Technik zu tun haben, im Netz recherchieren, der irrt. Auch Handwerksbetriebe, Werbeagenturen und Steuerberaterkanzleien sowie viele andere Kleinunternehmen sind mittlerweile „netzkundig".

TIPP Ego-Googeln

Um zu erfahren, was über Sie im Netz steht, sollten Sie als Erstes „Ego-Googeln" betreiben. Geben Sie in Google, aber auch in andere Suchmaschinen Ihren eigenen Namen ein. Sie werden erstaunt sein, wie viel über Sie zu finden ist, obwohl Sie doch gar keine Person von „öffentlichem Interesse" sind.

■ Darf der mögliche Arbeitgeber im Netz recherchieren?

Ja, grundsätzlich darf er. Aber nicht überall. Die Grenzen setzt das Datenschutzrecht. Denn das Erheben und Auswerten von Daten, die ein Unternehmen über einen Bewerber im Internet recherchiert, fällt unter das Bundesdatenschutzgesetz. Der Arbeitgeber darf keine Daten nach dem Prinzip „Eichhörnchen" anhäufen, sondern nur die Daten sammeln, die wichtig für die Entscheidung sind, ob er den Bewerber einstellt oder nicht. Dazu gehören unter anderem Nachforschungen, ob Ihre Angaben im Lebenslauf stimmen, zum Beispiel ob der von Ihnen angegebene Auslandsaufenthalt in den USA tatsächlich beruflich war oder ob Sie – wie in Facebook gepostet – in dieser Zeit auf Hawaii nur am Strand lagen.

Private Fotos oder Informationen, die nicht im Zusammenhang mit dem Beruf stehen, dürfen hingegen nicht ausgewertet werden, zumindest theoretisch. In der Praxis dürfte es aber nahezu unmöglich sein, nachzuweisen, dass Sie wegen eines privaten Fotos nicht eingestellt wurden.

Schon seit 2010 soll der Datenschutz für Arbeitnehmer neu geregelt werden. Doch ob dies jemals geschieht und ab wann das Beschäftigtendatenschutzgesetz gegebenenfalls in Kraft treten wird, ist derzeit trotz der Lippenbekenntnisse aller Politiker noch nicht absehbar. Das aktuelle Datenschutzrecht ist so kompliziert und so „löchrig", dass es mehr Fragen aufwirft, als es beantwortet. Zudem haben wir beim Internet das Problem, dass das Datenschutzrecht ein deutsches Gesetz ist, viele der Social Media ihren Sitz aber im Ausland haben. Damit müssen diese sich nicht um die nationalen Einschränkungen ihrer Freiheiten kümmern.

Doch zurück zur eigentlichen Frage, ob Ihr zukünftiger Arbeitgeber über Sie im Netz recherchieren darf. Was er über Suchmaschinen wie Google über Sie erfahren kann, darf er nach § 28 Abs. 1 Nr. 3 Bundesdatenschutzgesetz (BDSG) beziehungsweise § 28 Abs. 6 Nr. 2 BDSG ohne Einschränkungen erheben. Ist er in einem Netzwerk wie Facebook oder XING Mitglied, kann er Ihr Profil ebenfalls einsehen. Da kommt es also darauf an, was Sie über sich ins Netz gestellt haben. Und es kommt auch darauf an, was Sie Ihren „Freunden" erlaubt haben, über Sie ins Netz zu stellen. So sind Sie zum Beispiel über die technisch zwischenzeitlich sehr gute Gesichtserkennung auch auf Fotos, die Ihre Freunde ins Netz gestellt haben, problemlos zu identifizieren.

Zwar verbieten viele freizeitorientierte Netzwerke in ihren Allgemeinen Geschäftsbedingungen (AGB) eine Recherche. Aber wirklich greifen tut dieses Verbot nicht. Denn viele Firmen sind als „Personen" in den sozialen Netzwerken unterwegs. Das führt beispielsweise bei Facebook dazu, dass auch Firmen als „Freunde" geführt werden – wenn nicht von Ihnen direkt, dann von jemandem, der Ihr Freund ist oder ein Freund eines Ihrer Freunde.

Erlauben Sie „Freunden von Freunden" nun den Zugriff auf Ihre private Informationen, erfahren auch die „falschen" Freunde das, was Sie eigentlich nicht öffentlich posten wollten. Um das zu ändern, müssen Sie bei den meisten Social Media aktiv werden, denn in den Grundeinstellungen ist alles öffentlich und für jeden zugänglich. Sie können die Accounts auch löschen. Wobei „löschen" einen falschen Eindruck vermittelt. Die Accounts sind noch da, sie sind nur nicht mehr sichtbar. Entsprechend können sie jederzeit wieder aktiviert werden.

TIPP Ihr Profil im Netz

Wählen Sie einen seriösen Benutzernamen („Hasi98" oder „Knuddelbärchen" wirken wenig professionell) und achten Sie bei Ihren Profilen und Beiträgen auf Rechtschreibfehler. Sie sollten bei ihrem beruflichen Profil auch nicht in einen Szene-Jargon verfallen, Ihre Ausdrucksweise fällt auf Sie zurück. Geben Sie darüber hinaus alle Qualifikationen wahrheitsgemäß an: Wenn Ihr Spanisch mal eben nur für „hola" reicht, sind auch „Grundkenntnisse" schon stark übertrieben. Und veröffentlichen Sie unter keinen Umständen vertrauliche Informationen über Ihren aktuellen oder über frühere Arbeitgeber. Schimpfen Sie auch nie öffentlich im Netz über Ihre Chefs oder Kollegen. Noch nicht einmal dann, wenn Sie stocksauer auf sie sind.

■ *Wer die Wahl hat, hat die Qual: So dürfen Arbeitgeber Bewerber testen*

Um aus einer Vielzahl von Bewerbungen die aussichtsreichsten Kandidaten herauszufiltern, wenden Unternehmen zunehmend standardisierte Auswahlverfahren an. Doch nicht alles, was dabei zur Anwendung kommt, ist so auch erlaubt!

Selbst grundsätzlich zulässige Bewerbertestverfahren sind oft von der Zustimmung der Betroffenen abhängig – also von Ihnen. Überlegen Sie sich also bereits im Vorfeld, ob und wenn ja welche Auswahlverfahren Sie gutheißen.

■ Assessment Center (AC)

Assessment Center sind grundsätzlich zulässig. Aber Sie als Bewerber sollten schon bei der Einladung möglichst genau über Zweck und Reichweite des Testverfahrens, welches das Unternehmen anwenden will, informiert werden. Denn getestet werden dürfen nur

Bewerbermerkmale, die Arbeitsausführung und Arbeitsverhalten überprüfen. Dabei ist es unzulässig, die Bewerber heimlich durch Einwegscheiben zu beobachten oder Tonband- beziehungsweise Videoaufnahmen zu machen. Ausnahme: Alle Bewerber haben diesem Verfahren zugestimmt. Hat aber auch nur einer widersprochen, darf es nicht angewendet werden. Hat das Unternehmen, bei dem Sie sich bewerben, einen Betriebsrat, sollten Sie sich erkundigen, ob dieser bei der Ausgestaltung des Assessment Centers mitgewirkt hat. Wenn nein, spricht dies Bände über das Unternehmen – und über einen Betriebsrat, der seine Rechte nicht wahrnimmt.

■ Psychologische Tests

Psychologische Tests sind grundsätzlich zulässig, wenn der Betriebsrat des Unternehmens und Sie als Bewerber zugestimmt haben. Dabei dürfen folgende Punkte geprüft werden: Intelligenzanpassung, Intelligenzorganisation, Umstellungsbereitschaft, Leistungsmotivation und Stressstabilität. Aber auch Tests, die bestimmte Charaktermerkmale des Bewerbers ausleuchten sollen, sind zulässig, solange sie auf den Arbeitscharakter eingegrenzt werden. So können beispielsweise bei einer Führungskraft Aktivität, Energie und Spannkraft getestet werden. Persönlichkeitstests sind nur in Ausnahmefällen zulässig.

■ Grafologische Tests

Grafologische Tests sind ebenfalls grundsätzlich zulässig. Voraussetzung hier: Der Bewerber hat zugestimmt und die Analyse beschränkt sich auf arbeitsplatzrelevante Erkenntnisse.

Verlangt das Unternehmen, bei dem Sie sich bewerben, in der Bewerbungsausschreibung einen handgeschriebenen Lebenslauf, gibt es Ihnen und den anderen Bewerbern zu erkennen, dass es eine grafologische Begutachtung vornehmen lassen will. Wenn Sie Ihrer Bewerbung dann also einen handgeschriebenen Lebenslauf beifügen, darf das Unternehmen von Ihrer Zustimmung ausgehen.

■ Stressinterviews

Stressinterviews sind grundsätzlich zulässig, solange sie sich auf arbeitsplatzbezogene, praxisnahe Stresssituationen beschränken. Nicht erlaubt sind Fragen oder Aufgabenstellungen, die Ihre Intimsphäre verletzen.

■ Ärztliche Untersuchungen

Ärztliche Untersuchungen sind zunächst einmal zulässig, doch auch Ihre Einwilligung entbindet den Arzt nicht von dessen genereller Schweigepflicht. Er darf dem Unternehmen gegenüber nur über die Befunde Auskunft geben, die für die Eignung des Bewerbers oder für den normalen Kontakt unter Mitarbeitern oder mit Kunden unmittelbar entscheidend sind. Die vollständige Diagnose darf der Arzt dem Unternehmen nicht bekannt geben – Ihnen aber natürlich schon, wenn Sie das wünschen.

■ Genetische Untersuchungen

Genetische Untersuchungen sind in Deutschland nur sehr eingeschränkt zulässig. Beispielsweise ist bei beabsichtigtem Umgang mit Gefahrstoffen eine Chromosomenanalyse zulässig. Nicht erlaubt ist ein sogenanntes Genom-Screening, also eine umfassende Untersuchung des genetischen Zustands des Bewerbers.

Die Entscheidungsphase:
Darauf sollten Sie achten

Nach dem Vorstellungsgespräch geht es darum, eine Entscheidung zu treffen. Konnten Sie das Unternehmen von sich und Ihren Fähigkeiten überzeugen? Doch neben dieser – verständlicherweise für Sie zunächst wichtigsten – Frage stellen sich noch einige weitere. Wer übernimmt beispielsweise die angefallenen Kosten? Und was passiert mit Ihren Unterlagen im Falle einer Absage? Achten Sie darauf, dass sowohl bei der Entscheidungsfindung als auch in allen anderen Belangen Ihre Rechte gewahrt werden.

■ Ausgemustert: Pech gehabt oder ein Fall von Diskriminierung?

Jede Personalentscheidung in einem Unternehmen muss den Vorgaben zur Gleichbehandlung standhalten. Das gilt natürlich auch für alle Entscheidungen im Bewerbungsprozess. Dass Bewerber gleich behandelt werden müssen, steht sogar in mehreren Gesetzen, zum Beispiel dem Grundgesetz (GG), dem Allgemeinen Gleichbehandlungsgesetz (AGG), aber auch dem Betriebsverfassungsgesetz (BetrVG). Dazu kommt eine nahezu unüberschaubare Fülle von Gerichtsurteilen. Dennoch werden Bewerber immer wieder diskriminiert, was aber nicht nur auf den bösen Willen von Unternehmen zurückzuführen ist. Doch auch solch eine „ungewollte" Diskriminierung ist gesetzeswidrig.

■ Verbotene Benachteiligungen und Belästigungen

An oberster Stelle verbietet unsere Verfassung jede Art von Diskriminierung. Dass alle Menschen vor dem Gesetz gleich behandelt werden müssen, ergibt sich aus Artikel 3 GG: Niemand darf wegen seines Geschlechts, seiner Abstammung, seiner Rasse, seiner Sprache, seiner Heimat oder Herkunft, seines Glaubens oder seiner religiösen oder politischen Anschauung benachteiligt oder bevorzugt werden. In Absatz 3 des Artikels 3 wird zudem die Benachteiligung wegen einer Behinderung ganz ausdrücklich verboten. Auch nach dem AGG sind Diskriminierungen und Belästigungen verboten. § 1 AGG nennt acht Merkmale, an denen Benachteiligungen festgemacht werden können: Benachteiligung wegen der Rasse, der ethnischen Herkunft, des Geschlechts, der Religion, der Weltanschauung, einer Behinderung, des Alters und der sexuellen Identität.

Vieles davon steht schon im Grundgesetz, sodass das AGG überflüssig erscheinen mag. Aber es hat dafür gesorgt, dass im Jahr 2006 mehrere EU-Richtlinien, die den Schutz vor Diskriminierung zum Inhalt haben, in deutsches Recht umgesetzt wurden. Darüber hinaus benennt es konkrete Diskriminierungstatbestände sowie deren Rechtsfolgen und legt fest, unter welchen Voraussetzungen eine unterschiedliche Behandlung ausnahmsweise zulässig ist. Besonders wichtig sind dabei folgende Tatbestände:

- Die unmittelbare Benachteiligung

- Die mittelbare Benachteiligung

- Die Belästigung

- Die sexuelle Belästigung

Unmittelbar werden Sie als Bewerber benachteiligt, wenn Sie wegen eines der acht bereits genannten Merkmale einem anderen Bewerber gegenüber benachteiligt werden. Voraussetzung ist natürlich, dass

die Benachteiligung nicht erlaubt ist (§ 8 ff. AGG). Wenn ein Opernhaus beispielsweise eine Sopranistin sucht, dann kann sich ein Bariton-Sänger, der sich auch auf diese Stelle beworben hat, nicht mit Hinweis auf § 1 AGG gegen eine Absage wehren. Sucht ein katholischer Kindergarten eine Erziehungsperson, dann dürfen muslimische Bewerber abgelehnt werden, ohne dass deswegen eine unerlaubte Diskriminierung vorliegt.

Mittelbar wird ein Bewerber benachteiligt, wenn es anscheinend neutrale Regeln gibt, die aber vorwiegend zulasten von Arbeitnehmern mit bestimmtem Merkmal gehen. Eine mittelbare Benachteiligung wegen der ethnischen Herkunft liegt beispielsweise vor, wenn eine Ausschreibung bestimmt, dass die Muttersprache der Bewerber Deutsch sein muss. Korrekt wäre hier: Der Bewerber muss Deutsch wie eine Muttersprache sprechen können. Verlangt eine Ausschreibung uneingeschränkte körperliche Belastbarkeit, ist dies eine mittelbare Benachteiligung aufgrund von Behinderung. Wird für zukünftige Beförderungen eine ununterbrochene Beschäftigung gefordert, liegt darin eine Benachteiligung wegen des Geschlechts. Ein weiteres Beispiel: Ein Unternehmen verlangt von Männern angemessene Kleidung in Form eines Anzugs, von Frauen in Form eines Kostüms mit Rock. Die „neutrale Regelung" fixiert tradierte Rollenverständnisse und ist damit für beide Geschlechter mittelbar diskriminierend.

■ So können Sie sich gegen Benachteiligungen wehren

Damit Ihre Klage vor dem zuständigen Arbeitsgericht Erfolg hat, müssen mehrere Voraussetzungen erfüllt sein (siehe auch Seite 32). Zum einen müssen Sie objektiv für die ausgeschriebene Stelle geeignet sein und sich ernsthaft darum beworben haben. Diese Forderungen sollen dem „Diskriminierungs-Tourismus" vorbeugen.

Den Anlass für diese Rechtsauslegung hat ein Berliner Jurastudent geliefert. Der hatte sich, obwohl noch mitten in den Klausuren zum ersten Staatsexamen, als Gleichstellungsbeauftragter in einer Gemeinde in Nordrhein-Westfalen beworben. Und zwar auf einem „Fresszettel": sechs magere Zeilen, handschriftlich, ohne Lebenslauf, Zeugnisse oder sonstige Unterlagen. Als er abgelehnt wurde, klagte er. Aber noch nicht einmal das Bundesarbeitsgericht (BAG, Urteil vom 12.11.1998 – 8 AZR 365/97) konnte eine Diskriminierung erkennen – eben mangels ernsthafter Bewerbung und mangels objektiver Geeignetheit. Zum anderen stehen Sie in der Beweispflicht. Das heißt, Sie müssen darlegen und auch beweisen, dass eine Diskriminierung wahrscheinlich ist. Wenn Ihnen das gelingt, ist der Arbeitgeber am Zug. Dann muss er darlegen und beweisen, dass er Sie entweder nicht benachteiligt hat oder dass die Benachteiligung gerechtfertigt ist (LAG Köln, Urteil vom 15.2.2008 – 11 Sa 923/07).

Wurden Sie als Bewerber tatsächlich diskriminiert, können Sie verlangen, so gestellt zu werden, als wären Sie nicht benachteiligt worden. Verstößt der Arbeitgeber bei Ihrer Bewerbung vorsätzlich oder fahrlässig gegen das Benachteiligungsverbot, muss er Ihnen den Schaden ersetzen und er muss – gleichgültig ob er Schuld an der Benachteiligung hat oder nicht – eine angemessene Entschädigung zahlen (§ 15 AGG). Auf mehr als drei Monatsgehälter dürfen Sie aber nicht hoffen. Und Anspruch auf einen Job haben Sie trotz Diskriminierung nicht. Wird die Stelle neu ausgeschrieben, können Sie sich aber natürlich erneut bewerben.

■ Sie haben kein Recht auf eine Begründung

Es ist – aus Bewerbersicht – eine unselige Praxis, dass Unternehmen aus Angst davor, schadensersatzpflichtig gemacht zu werden, keine Begründungen mehr für Ablehnungen geben. Sie können auch nicht verlangen, dass Sie eine Begründung bekommen. Noch nicht einmal dann, wenn Sie nachweislich alle Voraussetzungen erfüllen, die in der Stellenausschreibung gefordert werden, haben Sie das Recht auf Auskunft darüber, weshalb Sie dennoch nicht zum Zuge kommen. Gleichzeitig kann das Schweigen des Arbeitgebers aber auch eine Diskriminierung des Stellenbewerbers nahelegen, vor allem dann, wenn andere Indizien ebenfalls für eine Diskriminierung sprechen. Sollten Sie jetzt finden, dass diese Rechtslage ziemlich unklar und verworren ist, haben Sie recht. Ursache dieser Gemengelage sind zwei Urteile des Europäischen Gerichtshofs (EuGH; erstes Urteil vom 21.7.2011 – C-104/10 – Kelly; zweites Urteil vom 19.4.2012 – C-415/10 – Meister). Ob sich auch deutsche Arbeitsgerichte dieser Rechtsmeinung anschließen, steht in den Sternen.

Übrigens: Wenn Ihre Bewerbung abgelehnt wird und das Unternehmen die Absage begründet, dann muss die Begründung wahr sein. Können Sie nachweisen, dass die Auskunft falsch ist, ist das ebenfalls ein Indiz für eine Diskriminierung (BAG, Urteil vom 21.6.2012 – 8 AZR 364/11). Ein weiteres Indiz für eine Benachteiligung ist, wenn der Arbeitgeber sich anders verhält, als es nach seiner Auskunft zu vermuten gewesen wäre.

■ *Datenschutz: Dürfen Ihre Unterlagen aufbewahrt werden?*

Ihre Daten sind auch im „Anbahnungsverhältnis", also wenn Sie sich beworben haben oder schon ins Auswahlverfahren vorgerückt sind, geschützt. Grundsätzlich gilt hier der Datenschutz, aber es gibt darüber hinaus arbeitsrechtliche Besonderheiten, was die Sache deutlich komplizierter macht. So stehen zum Beispiel die Regelungen des Allgemeinen Gleichbehandlungsgesetzes in Konkurrenz zu denen des Datenschutzes.

■ Die Speicherung von Bewerberdaten

Ja, das Unternehmen, bei dem Sie sich bewerben, darf grundsätzlich Ihre Daten speichern. § 28 Abs. 1 Nr. 1 BDSG erlaubt dies, denn sonst wäre eine Auswahl nicht möglich. Außerdem haben Sie und Ihr potenzieller Arbeitgeber eine Art vertragsähnliches Vertrauensverhältnis – zumindest solange Sie noch im Bewerbungsverfahren stecken.

In diesem Zusammenhang ist ein „Methusalem" unter den Arbeitsgerichtsurteilen immer noch interessant. Das Bundesarbeitsgerichthat am 6.6.1984 – 5 AZR 286/81 – entschieden, dass die dauerhafte Aufbewahrung von Bewerberunterlagen nur dann das Persönlichkeitsrecht des Bewerbers nicht verletzt, wenn der Arbeitgeber ein berechtigtes Interesse an der Aufbewahrung des Fragebogens hat. Aus der Absicht, den Fragebogen bei einer nochmaligen Bewerbung zu einem Datenvergleich heranzuziehen oder den Bewerber später nochmals einzuladen, kann der Arbeitgeber jedoch kein berechtigtes Interesse ableiten.

TIPP Daten löschen lassen

Wenn Sie Ihre Persönlichkeitsrechte verletzt sehen, können Sie verlangen, dass Ihre Bewerbungsdaten gelöscht werden. Sollen Ihre Daten in einem „Talentpool" des Unternehmens gespeichert werden, muss das Unternehmen vorher Ihre Einwilligung einholen (§ 4 Abs. 1 Bundesdatenschutzgesetz/BDSG). Sie können diese Einwilligung jederzeit widerrufen. Dann muss das Unternehmen Ihre Daten löschen.

Speichert ein Unternehmen in unzulässiger Weise Daten über Bewerber, die es gar nicht hätte erheben dürfen, etwa weil sie aus dem privaten Bereich von sozialen Netzwerken stammen, muss es die Daten sofort löschen.

■ Wann muss gelöscht werden?

In den „guten alten Zeiten" der Papier-Bewerbungen hatten es die Personaler einfacher als heute. Damals schickte man die Bewerbungsunterlagen genauso wie sie angekommen waren – häufig auch ohne jegliche Gebrauchsspuren – per Post an den abgelehnten Bewerber zurück und fertig. Heute sind elektronische Bewerbungen gang und gäbe. Und natürlich werden diese auch elektronisch ausgewertet, in eine Reihenfolge gebracht, mit Ergebnissen aus den Bewerberauswahlverfahren oder -gesprächen sowie mit eigenen Kommentaren der Personaler versehen. Selbst Bewerbungen, die „klassisch" auf Papier ans Unternehmen geschickt wurden, werden erfasst oder eingescannt und dann wie gerade beschrieben, also elektronisch, ausgewertet.

Für beide Verfahren gilt § 35 Abs. 2 Nr. 3 Bundesdatenschutzgesetz (BDSG). Darin steht, dass der Arbeitgeber die Daten löschen muss, deren „Kenntnis für die Erfüllung des Zwecks der Speicherung nicht erforderlich ist". Auf Deutsch: Ihre Bewerberdaten sind dann, wenn das Bewerbungsverfahren abgeschlossen ist, nicht mehr nötig für das Unternehmen und müssen eigentlich gelöscht werden.

Aber: Ein Arbeitgeber, der Bewerber ablehnt, muss nachweisen können, dass er niemanden wegen Geschlecht, Rasse, Religion … benachteiligt hat. Er trägt also die Beweislast für ein diskriminierungsfreies Auswahlverfahren (§ 22). Dazu muss er die Bewerbungsunterlagen aufbewahren, und zwar mindestens 2 Monate lang. Denn jeder Bewerber, der abgelehnt wurde, hat 2 Monate Zeit, wegen möglicher Diskriminierung auf Schadensersatz und Entschädigung zu klagen (§ 15 Abs. 4 AGG). Das Problem – für den Arbeitgeber – dabei: Die Frist beginnt ab dem Tag zu laufen, an dem der abgelehnte Bewerber „Kenntnis von seiner Benachteiligung erhält". Das kann

der Tag sein, an dem er die schriftlichen Bewerbungsunterlagen mit dem vermeintlich diskriminierenden Vermerk „Ossi" zurückerhält (siehe Seite 30), das kann aber auch der Tag sein, an dem sich der Personaler im Telefongespräch oder „im Netz" verplappert. Das wiederum heißt, dass zwar die Fristdauer genau definiert ist, aber der Fristbeginn nicht genau bestimmt werden kann.

Deshalb dürfen Arbeitgeber die Bewerberdaten weitere 3 bis 4 Monate speichern, bevor sie diese löschen müssen. In dieser Zeit dürfen die Daten nur verwendet werden, um bei einem Rechtsstreit mit dem Bewerber die Position des Unternehmens zu stärken. Das bedeutet: Für alle anderen Zwecke dürfen die Daten nicht verwendet werden. Sie müssen gesperrt werden. Und sie müssen für alle klar und deutlich als gesperrt gekennzeichnet werden.

■ Den Überblick über die eigenen Bewerberdaten behalten

Natürlich speichern die Unternehmen die Bewerberdaten und ihre Erkenntnisse über die Bewerber. Schließlich will man im Wettbewerb um gute Leute die Nase vorn haben – so weit die edle Absicht. Weniger edel, aber ebenso verständlich ist, dass Arbeitgeber bei einer erneuten Bewerberauswahl nicht wieder von vorn anfangen wollen, sondern gern auf bereits vorhandene Erkenntnisse zurückgreifen. Damit taucht aber ganz automatisch die Frage auf, ob Sie einer solchen Speicherung Ihrer Daten zustimmen müssen. Die Juristen streiten sich darüber! Wollen Sie nicht, dass Ihre Daten über die notwendige Zeit (6 Monate) hinaus gespeichert werden, können Sie dies schon in der Bewerbung deutlich machen.

Allerdings wird Ihnen niemand offen sagen, ob sich Ihre das nicht doch negativ auf Ihre Chancen auswirkt.

Sie können aber auch Ihre grundsätzliche Bereitschaft erklären, in die Bewerberdatenbank des Unternehmens aufgenommen zu werden. Das ist vor allem dann zu empfehlen, wenn Sie sich nicht auf eine konkrete Ausschreibung bewerben, sondern eine Blindbewerbung an das Unternehmen geschickt haben. Haben Sie eine andere Arbeit gefunden, können Sie die Unternehmen, bei denen Sie sich vorher beworben haben, anschreiben und auffordern, Ihre Daten zu löschen – falls dies in der Zwischenzeit nicht schon geschehen ist.

■ *Die Gretchenfrage: Wer trägt die Kosten?*

Bei einem Vorstellungsgespräch entstehen Ihnen als Bewerber in der Regel Kosten. Diese muss das suchende Unternehmen Ihnen ersetzen, wenn es Sie ausdrücklich zum Gespräch eingeladen hat (siehe auch Kasten auf Seite 35). Erweckt es den Anschein, es werde ein Arbeitsvertrag zustande kommen, macht sich das Unternehmen schadensersatzpflichtig. Es haftet dann für den Schaden, der Ihnen entsteht, wenn Sie im berechtigten Vertrauen auf die neue Position Ihren bisherigen Arbeitsplatz gekündigt haben. Aber auch Sie haften für mögliche

Schäden, wenn Sie entgegen Ihrer Zusage den Arbeitsplatz nicht antreten oder verfrüht wieder verlassen.

Als Vorstellungskosten gelten Fahrtkosten, die Ihnen nach Belegen (also nach den tatsächlich entstandenen Kosten) oder pauschal nach den steuerlichen Regelungen (falls Sie ein Auto benutzen und keine Einzelkosten nachweisen können oder wollen) ersetzt werden können, sowie Verpflegungsmehraufwand und Übernachtungskosten.

■ Fahrtkosten

Für Reisen mit privaten Fahrzeugen gelten folgende Pauschalen je Fahrtkilometer (2012; H9.5 Lohnsteuerhinweise/LStH):

- 0,30 Euro bei der Benutzung eines Pkw

- 0,13 Euro bei der Benutzung eines Motorrads oder -rollers

- 0,08 Euro bei der Benutzung eines Mopeds oder Mofas

- 0,05 Euro bei der Benutzung eines Fahrrads

Reisen Sie mit der Bahn oder anderen öffentlichen Verkehrsmitteln an, werden Ihnen i.d.R. die Ausgaben für ein Ticket 2. Klasse sowie sonstige Fahrscheine erstattet.

■ Verpflegungsmehraufwand

Den Verpflegungsmehraufwand können Sie lediglich nach den jeweils für Dienstreisen geltenden steuerlichen Pauschsätzen geltend machen.

Die Tagesspesen (Stand 2012) betragen bei Abwesenheit von

- 8 Stunden und mehr 6 Euro,

- 14 Stunden und mehr 12 Euro,

- 24 Stunden 24 Euro.

Achtung: Sie können die Spesen unabhängig davon in Rechnung stellen, ob Sie von dem potenziellen Arbeitgeber während der Vorstellung verpflegt wurden oder nicht.

■ Übernachtungskosten

Übernachtungskosten sind Ihnen dann zu ersetzen, wenn Ihnen nicht zugemutet werden kann, an ein und demselben Tag sowohl hin- als auch zurückzufahren. Sie können die Übernachtungskosten entweder pauschal (20 Euro pro Nacht) oder nach Belegen abrechnen. Vorsicht: Eine Übernachtung im Luxushotel wird – wenn überhaupt – bei Kandidaten für das obere Management bezahlt. Sie müssen sich aber auch nicht mit „Jugendherbergs-Niveau" begnügen.

ACHTUNG Kein Erstattungsanspruch

Keinen Anspruch auf Ersatz der Vorstellungskosten gegen den potenziellen Arbeitgeber haben Sie, wenn Sie

- *sich unaufgefordert, also rein auf eine Anzeige oder „blind" vorstellen;*
- *sich auf eine unwidersprochene Eigeneinladung vorstellen („Ich schaue dann mal bei Ihnen vorbei …");*
- *sich lediglich auf eine vage Einladung vorstellen („Sie können ja gelegentlich vorbeisehen und mit dem zuständigen Abteilungsleiter reden …");*
- *vom Arbeitsamt zugewiesen werden.*

Muss Ihnen der anwerbende Arbeitgeber die Vorstellungskosten erstatten, ist es gleichgültig, ob tatsächlich ein Arbeitsvertrag zustande kommt oder nicht. Ihren aktuellen Arbeitgeber können Sie hingegen nicht mit Ihrer Bewerbung belasten. Das heißt, Sie müssen für die Bewerbung Freizeit opfern. Entweder Sie nehmen Erholungsurlaub oder Sie „feiern" ausgleichsfähige Überstunden ab. Gewährt Ihnen der aktuelle Arbeitnehmer die Freizeit nicht, können Sie dagegen klagen und eine einstweilige Verfügung erwirken beziehungsweise fristlos kündigen und nach § 628 BGB Schadensersatz verlangen.

Gut zu wissen: Ihre Vorstellungskosten können Sie, wenn Ihnen der potenzielle Arbeitgeber die Kosten entweder nicht erstatten will oder nicht erstatten muss, in Ihrer Einkommensteuererklärung als Werbungskosten bei den Einkünften aus nicht selbstständiger Arbeit geltend machen. Zur Erinnerung: Das gilt auch für die übrigen Bewerbungskosten. Zu Buche schlagen sie aber erst, wenn der Werbungskostenpauschbetrag überschritten wird (siehe Seite 16).

Sie und Ihr Arbeitgeber sind sich einig: der Arbeitsvertrag

Sind Sie der Glückliche, der die Stelle schließlich erhalten hat? Dann geht es nun ans „Eingemachte", den Arbeitsvertrag. Und der kann mitunter zahlreiche Fußangeln und reichlich Konfliktpotenzial enthalten – meist noch nicht einmal, weil Ihr neuer Arbeitgeber Ihnen Böses will, sondern oft „nur", weil er Musterverträge nutzt, missverständliche Formulierungen wählt oder aufgrund früherer schlechter Erfahrungen sich „übervorsichtig" ausdrückt. Deshalb finden Sie in diesem Kapitel alle wichtigen Regelungen sowie zahlreiche Hinweise, worauf Sie als Arbeitnehmer beim Vertragsabschluss im eigenen Interesse achten sollten. Denn der Arbeitsvertrag ist der Grundstein für Ihre weitere Beziehung zu Ihrem Arbeitgeber.

Job auf Zeit: Befristung des Arbeitsverhältnisses und Probezeit

In der Regel erhalten Sie von Ihrem Arbeitgeber einen unbefristeten Arbeitsvertrag. Soll der Vertrag jedoch nach Ablauf einer bestimmten Frist oder mit Eintritt eines bestimmten Ereignisses automatisch enden, spricht man von einem befristeten Arbeitsverhältnis – das eigentlich die Ausnahme darstellen sollte. Allerdings hindert das viele Arbeitgeber nicht daran, die Ausnahme zur Regel zu machen. Deshalb regelt seit dem 1.1.2001 das Teilzeit- und Befristungsgesetz (TzBfG), unter welchen Bedingungen ein befristeter Arbeitsvertrag zulässig ist. Es gilt für alle (!) Unternehmen und soll die Diskriminierung von teilzeit- und befristet beschäftigten Arbeitnehmern verhindern.

Grundsätzlich können Arbeitsverträge auf zweierlei Arten befristet werden:

1. § 620 Abs. 1 BGB sieht die Möglichkeit der Zeitbefristung vor: „Das Dienstverhältnis endigt mit dem Ablauf der Zeit, für die es eingegangen ist." Das Ende des Arbeitsverhältnisses ist also kalendermäßig bereits zu dessen Beginn fixiert. Wichtig: Wenn Sie ein zeitlich befristetes Arbeitsverhältnis eingehen, müssen Sie sich spätestens 3 Monate vor dem Ende Ihres Arbeitsverhältnisses bei der Agentur für Arbeit als arbeitsuchend melden (§ 38 Abs. 1 Satz 1 Drittes Sozialgesetzbuch/SGB III). Diese Frist wahren Sie am einfachsten, indem Sie Ihre persönlichen Daten und den Endzeitpunkt der Agentur für Arbeit schriftlich mitteilen. Sie könnten dies natürlich auch per Fax oder Mail beziehungsweise telefonisch erledigen. Allerdings ist dann im Streitfall meist schwierig zu beweisen, dass Sie sich rechtzeitig und wirksam arbeitsuchend gemeldet haben. Und das bedeutet, dass gegen Sie eine Sperrzeit von einer Woche (§ 144 Abs. 1 Satz 2 Nr. 7 SGB III) verhängt werden kann. Das heißt, Ihr Anspruch auf Arbeitslosengeld mindert sich um eine Woche. Beachten Sie, dass Sie nach der Meldung persönlich (!) bei der Agentur für Arbeit vorstellig werden müssen.

2. Bei einer Zweckbefristung (sachliche Befristung) endet das Arbeitsverhältnis dann, wenn der Zweck erfüllt ist. Eines

der wohl gängigsten Beispiele hierfür ist die Vertretung für Mitarbeiter, die sich in Elternzeit befinden. Achtung: Auch bei einer Zweckbefristung müssen Sie sich spätestens 3 Monate vor dem bekannten Ende des Arbeitsvertrags telefonisch, per Fax, per Mail oder – besser – schriftlich beim Arbeitsamt melden und danach persönlich vorstellig werden. Wenn Sie erst später von dem Ende Ihres Arbeitsverhältnisses erfahren, dann müssen Sie die Meldung innerhalb von 3 Tagen nach Kenntnis des Beendigungszeitpunktes bei der zuständigen Agentur für Arbeit abgeben.

■ *Die zeitliche Befristung*

Fangen Sie neu in einem Unternehmen an, kann Ihr Arbeitsvertrag ohne sachlichen Grund längstens auf 2 Jahre befristet werden. Innerhalb dieses Zeitraums kann Ihr Arbeitgeber die Befristung bis zu drei Mal verlängern.

Damit an dieser Stelle kein Missverständnis entsteht: Drei Mal verlängerungsfähig bedeutet nicht, dass Ihr Arbeitsverhältnis 6 Jahre befristet werden kann. Die 2 Jahre sind und bleiben die Obergrenze für eine Befristung. So kann die erste Befristung beispielsweise 10 Monate dauern, die nächste 8 Monate und die dritte 6 Monate. Dann wäre die Zweijahresgrenze erreicht – Ihr Arbeitgeber kann Ihren Arbeitsvertrag nicht noch weiter befristen.

TIPP **Unwirksam und trotzdem wirksam**
Achten Sie darauf, ob in Ihrem Anstellungsvertrag das Teilzeitbeschäftigungsgesetz (TzBfG) ausdrücklich genannt ist. Wird es angeführt, ist die Befristung wirksam. Andernfalls ist die Befristung unwirksam und der Vertrag gilt auf unbestimmte Zeit geschlossen.

Gut zu wissen: Wer über 58 Jahre alt ist, dessen Arbeitsvertrag kann das Unternehmen ohne Zeitgrenze und ohne Begründung befristen. Auch können unbeschränkt viele befristete Verträge geschlossen werden.

■ Die sachliche Befristung

Kommt die zeitliche Befristung nicht in Betracht, ist die Befristung eines Arbeitsverhältnisses nur dann zulässig, wenn es einen sachlichen Grund dafür gibt. In diesem Fall gibt es keine Zeitgrenze für die Befristung. Auch können mehrere befristete Arbeitsverhältnisse mit sachlichem Grund aneinandergereiht werden.

Das Gesetz nennt acht sachliche Gründe, die Ihren zukünftigen Arbeitgeber berechtigen, Ihren Vertrag zu befristen (§ 14 Abs. 1 TzBfG):

- Ein nur vorübergehender betrieblicher Bedarf

- Anschluss an eine Ausbildung oder ein Studium

- Vertretung eines anderen Arbeitnehmers

- Die Eigenart der Arbeitsleistung

- Die Erprobung

- Gründe in der Person des Arbeitnehmers, wie etwa eine auslaufende Aufenthaltserlaubnis

- Befristete Haushaltsmittel, aus denen der Lohn bezahlt wird

- Gerichtlicher Vergleich

Diese Gründe sind allerdings nicht abschließend, sondern eine Reihe von Beispielen. Ihr potenzieller Arbeitgeber kann sich darüber hinaus auf jeden anderen denkbaren sachlichen Grund für eine Befristung berufen, sofern dieser nachprüfbar und vernünftig ist. Ist das nicht der Fall, deutet die Rechtsprechung Ihren Vertrag in einen unbefristeten Arbeitsvertrag um. Wünschen Sie selbst einen befristeten Arbeitsvertrag, ist das ebenfalls ein sachlicher Grund, der einen entsprechenden Vertragsabschluss möglich macht.

An die Vereinbarung befristeter Arbeitsverhältnisse wurden und werden jedoch hohe Anforderungen gestellt. Der Grund ist ganz einfach: Es ist politisch nicht gewollt, dass Arbeitnehmer durch Befristungen ihren Kündigungsschutz verlieren. Das heißt im Klartext: Je öfter Sie bei ein und demselben Arbeitgeber wegen sachlicher Gründe befristet beschäftigt werden, desto höher werden die Anforderungen an den sachlichen Grund (Bundesarbeitsgericht/BAG, Urteil vom 11.12.1991 – 7 AZR 431/90). Das wiederum bedeutet: Streiten Sie sich am Ende eines mehrfach aus sachlichen Gründen befristeten Arbeitsverhältnisses mit Ihrem Arbeitgeber, sind die Gerichte deutlich eher geneigt, ein unbefristetes Arbeitsverhältnis anzunehmen als zu Beginn der „Serie".

Ziehen Sie die Rechtmäßigkeit einer Befristung in Zweifel, prüft das Arbeitsgericht immer nur die letzte Befristung. Und wenn diese in Ordnung ist, gelten alle früheren Befristungen ebenfalls als ordnungsgemäß. Wenn nun also die Befristung Ihres letzten Arbeitsvertrags zum Beispiel durch den Sachgrund der Vertretung gerechtfertigt ist, dann haben Sie nach Ablauf der Befristung auch dann keinen Anspruch auf Wiedereinstellung, wenn sich entgegen der ursprünglichen Prognose doch eine Möglichkeit zur Weiterbeschäftigung ergibt (Bundesarbeitsgericht/BAG, Urteil vom 20. Februar 2002 – 7 AZR 600/00).

■ Die Probezeit

Die Probezeit wird bei einem von vornherein unbefristeten Arbeitsvertrag auf längstens 6 Monate geschlossen. Grundsätzlich bestehen während der Probezeit die gleichen Rechte und Pflichten wie im normalen Arbeitsverhältnis. Der „kleine" (aber durchaus wichtige) Unterschied: Während der Probezeit kann einfacher gekündigt werden. Die gesetzliche Kündigungsfrist beträgt hier lediglich 2 Wochen. Auch kann Ihnen Ihr Arbeitgeber die Kündigung an jedem beliebigen Tag überreichen, sogar an Sonn- oder Feiertagen.

TIPP Kündigungsfristen

Haben Sie in Ihrem Arbeitsvertrag längere Kündigungsfristen vereinbart oder sehen der Tarifvertrag beziehungsweise eine entsprechende Betriebsvereinbarung längere Fristen vor, können Sie auf deren Einhaltung pochen. Damit machen Sie sich zwar nicht beliebt, aber das dürfte Ihnen im Fall einer arbeitgeberseitigen Kündigung in der Probezeit ziemlich gleichgültig sein. Es sei denn, Sie befürchten gute Kontakte Ihres noch aktuellen Arbeitgebers zu Ihren möglichen zukünftigen Arbeitgebern.

Haben Sie mit Ihrem Arbeitgeber eine kürzere Probezeit vereinbart – zum Beispiel nur 2 Monate –, sollten Sie sich unmittelbar nach deren Ablauf trotzdem noch nicht in Sicherheit wiegen. Denn dem Kündigungsschutzgesetz zufolge darf der Arbeitgeber während der ersten 6 Monate generell ohne Angabe von Gründen kündigen. Der einzige Vorteil für Sie: Die Frist verlängert sich dann von 2 auf 4 Wochen.

Aber auch umgekehrt wird „ein Schuh daraus": Manche Arbeitgeber möchten gern eine Probezeit vereinbaren, die mehr als 6 Monate beträgt. Das ist durchaus erlaubt. Dennoch genießen Sie nach dem Ablauf der 6 Monate den vollen Kündigungsschutz.

Die Gründe für eine Kündigung muss der Arbeitgeber während der Probezeit nicht angeben. Er muss lediglich darauf achten, dass Ihnen die Kündigung tatsächlich während der Probezeit ausgehändigt wird. Und diese endet erst am letzten Tag um 23:59 Uhr. Das Risiko des Zugangs der Kündigung liegt beim Arbeitgeber. Wenn Sie also nicht erreichbar sind und auch niemand das Schreiben annimmt, sind Sie „fein raus". Wichtig: Hat das Unternehmen, für das Sie arbeiten, einen Betriebsrat, muss dieser vorab über die Kündigung informiert sein. Versäumt der Arbeitgeber dies, ist die Kündigung ungültig.

Will Ihr Arbeitgeber Ihnen innerhalb der Probezeit kündigen, muss er sich an keinerlei Zeitvorgaben halten. Das heißt im Klartext: Der Arbeitgeber kann Ihnen selbst dann kündigen, wenn er sich – Ihrer Meinung nach – noch gar kein Bild über Ihre Talente und Fähigkeiten machen konnte. So hat das Landesarbeitsgericht München (Urteil vom 15.9.2005 – 9 Sa 406/05) beispielsweise die Klage einer Ärztin abgewiesen, die nach nur 7 Arbeitstagen ihren Arbeitsplatz wieder räumen musste. Und auch wenn Sie sich aus einer ungekündigten, sicheren Stelle heraus beworben und sich im Bewerbungsverfahren gegen andere Mitbewerber durchgesetzt haben, bedeutet das nicht, dass Sie im neuen Job einen besonderen Kündigungsschutz genießen. Sobald Sie einer Probezeit zugestimmt haben, kann Ihnen Ihr Arbeitgeber während dieser kündigen, ohne dass er einen Grund dafür nennen muss (BAG, Urteil vom 1.7.1999 – AZR 926/98).

■ Probearbeiten ohne Lohn

Selbst wenn Sie von sich aus anbieten, in der Probezeit ohne Lohn zu arbeiten, oder wenn Sie vereinbaren, dass Sie den Lohn nur dann bekommen, wenn Sie die Probezeit bestehen und in ein festes Arbeitsverhältnis übernommen werden, ist diese Vereinbarung sittenwidrig und damit nichtig. Sie als Arbeitnehmer haben auch in der Probezeit Anspruch auf Ihren Lohn (LAG Köln, Urteil vom

18.3.1998 – 8 Sa 1662/97). Sie müssen sich auch nicht mit einem Hungerlohn abspeisen lassen:

Entspricht ein Gehalt nicht mindestens der Hälfte des Tariflohns, spricht der Jurist von Lohnwucher. Das heißt: Die Vereinbarung ist sittenwidrig und damit nichtig (Hessisches Landesarbeitsgericht, Urteil vom 7.8.2008 – 9/12 Sa 1118/07).

Gibt es einen geltenden Tarifvertrag oder eine entsprechende Betriebsvereinbarung, bestimmen diese die Höhe des Entgelts. Gibt es keines von beiden, kann Ihr Arbeitgeber im Arbeitsvertrag festlegen, dass er Ihnen während der Einarbeitungszeit einen reduzierten Lohn bezahlt. Stimmen Sie nolens volens dieser Regelung zu, sollten Sie keinesfalls versäumen, eine Lohnerhöhung für die Zeit nach der Probezeit schriftlich im Arbeitsvertrag festzuhalten.

■ Urlaubsansprüche während der Probezeit

Auch wenn die Frage, ob Sie während der Probezeit Urlaub nehmen können, auf einem ganz anderen Blatt steht (siehe Seite 73) – mit jedem Monat, den Sie arbeiten, erwerben Sie Anspruch auf ein Zwölftel des Jahresurlaubs. Anspruch auf den vollen Jahresurlaub haben Sie bereits nach 6 Monaten in Ihrem neuen Job.

Werden Sie während der Probezeit entlassen, ohne im Urlaub gewesen zu sein, erhalten Sie die in der Probezeit angesammelten freien Tage ausbezahlt.

Der Gegenwert der freien Tage wird zum Bruttolohn hinzugerechnet und als Arbeitsentgelt versteuert.

Was gilt wann? Tarifvertrag, Betriebsvereinbarung, Individualvereinbarung

Grundsätzlich herrscht Vertragsfreiheit. Aber auch hier gilt: Nicht alles, was gefällt, ist erlaubt. Das Arbeitsverhältnis wird durch verschiedene Gesetze und Vorschriften geregelt. Bei Arbeitsaufnahme verpflichten Sie sich, die vereinbarte Arbeitsleistung zu erbringen. Parallel dazu verpflichtet sich der Arbeitgeber, Ihnen das vereinbarte Entgelt – entweder Geld oder Sachleistungen – zu geben. Sieht der Arbeitgeber aus bestimmten Gründen wie Bildungsurlaub, Abfeiern von Überstunden, Sabbatjahr oder zukünftigem Ende des Arbeitsvertrags davon ab, von Ihnen die vereinbarte Arbeitsleistung einzufordern, spricht man von Freistellung.

■ Auch Gesetze und Vorschriften haben eine Hierarchie

Die Gesetze und Vorschriften, die für Ihren Arbeitsvertrag entscheidend sind, haben eine unterschiedliche Rangfolge. Oberste Prüfsteine für die Zulässigkeit der getroffenen Regelungen sind die Menschenrechte und das Grundgesetz. Zunehmend prüft auch der Europäische Gerichtshof, ob das Arbeitsrecht des jeweiligen EU-Landes und die getroffenen Vereinbarungen konform mit EU-Verordnungen sind. So erhielt vor Kurzem Spanien eine „Ohrfeige", weil nach spanischem Recht die Arbeitnehmer, die im bezahlten Urlaub krank werden, den verlorenen Urlaub nicht nachholen dürfen. Das verstößt gegen die Arbeitszeitgestaltungsrichtlinie 2003/88/EG (EuGH, Urteil vom 21.6.2012 – C-78/11).

Einschlägige deutsche Gesetze, die mögliche Willkür beim Arbeitsvertrag einschränken, sind zum Beispiel alle Arbeitnehmerschutzgesetze, das Bundesurlaubsgesetz, das Arbeitszeitgesetz, die Gesetze zur sozialen Sicherung …

Danach wird geprüft, ob Tarifverträge anwendbar sind. Und schließlich gelten Betriebsvereinbarungen, eine betriebliche Einheitsregelung, der Arbeitsvertrag und zuletzt die Anordnungen des Arbeitgebers. In Ihrer Firma kann es theoretisch zu allen denkbaren Themen Betriebsvereinbarungen geben: von der Arbeitszeit bis hin zur Zimmertemperatur. Allerdings dürfen Betriebsvereinbarungen nicht jeden Sachverhalt regeln.

■ *Tarifverträge*

Tarifverträge gehen dem Arbeitsvertrag vor. Sie sind nur anwendbar, wenn entweder

- der Arbeitgeber Mitglied des Arbeitgeberverbands ist und der Arbeitnehmer Mitglied der Gewerkschaft oder

- der Tarifvertrag vom Arbeitsminister für allgemeinverbindlich erklärt wurde oder

- der Tarifvertrag im Arbeitsvertrag für anwendbar erklärt wurde.

■ Tariflohn

Was Sie von Ihrem Arbeitgeber als Lohn- oder Gehalt erhalten, ist reine Vereinbarungssache zwischen Ihnen beiden. Ein sogenannter „Hungerlohn" aber verstößt gegen die guten Sitten und ist deshalb nicht gültig. Existiert ein Tarifvertrag, muss Tariflohn gezahlt werden.

■ Mindestlohn

In Deutschland gibt es keinen gesetzlichen Mindestlohn, aber zwei Gesetze, nach denen Mindestlöhne entwickelt werden können – nämlich das Arbeitnehmer-Entsendegesetz und das Mindestarbeitsbedingungengesetz. Ob für den Betrieb, in dem Sie arbeiten, ein Mindestlohn gilt, hängt von der Branche ab. Denn durch das Arbeitnehmer-Entsendegesetz können branchenbezogene Mindestlöhne eingeführt werden, und zwar unabhängig davon, ob der Arbeitgeber im In- oder Ausland sitzt. Bisher (Stand 2012) sind neun Branchen im Arbeitnehmer-Entsendegesetz genannt:

- Bauhaupt- und Baunebengewerbe

- Gebäudereinigung

- Briefdienstleistungen

- Sicherheitsdienstleistungen

- Bergbauspezialarbeiten auf Steinkohlebergwerken

- Wäschereidienstleistungen im Objekt

- Abfallwirtschaft einschließlich Straßenreinigung und Winterdienst

- Aus- und Weiterbildungsdienstleistungen nach dem Zweiten oder Dritten Buch Sozialgesetzbuch

- Pflegebranche (Altenpflege und ambulante Krankenpflege)

Darüber hinaus können nach dem Mindestarbeitsbedingungengesetz Mindestarbeitslöhne für bestimmte Wirtschaftszweige festgesetzt werden, wenn dort soziale Verwerfungen existieren. Ob das der Fall ist, prüft ein Hauptausschuss. Er entscheidet zudem, ob in diesem Wirtschaftszweig Mindestarbeitsentgelte festgesetzt, geändert oder aufgehoben werden. Danach legt ein Fachausschuss, der sich aus Vertretern des Wirtschaftszweigs zusammensetzt, die konkrete Höhe des jeweiligen Mindestlohns fest.

WICHTIG Ohne Tarifvertrag gilt das Gesetz

Wenn das Unternehmen, bei dem Sie arbeiten, an keinen Tarifvertrag gebunden ist, muss sich Ihr Arbeitgeber – und Sie natürlich auch – bei der Formulierung des Arbeitsvertrags an das Gesetz halten. Weil dieses aber nur Mindestvorschriften nennt, können Sie für sich günstigere Regelungen aushandeln. Das ist immer möglich – vorausgesetzt, Ihr Arbeitgeber und/oder dessen Betriebsrat (falls er einen hat) spielen mit. So können Sie zum Beispiel einen längeren Urlaub oder kürzere Arbeitszeiten vereinbaren. Sie können auch vereinbaren, was zur Arbeitszeit gehört, beispielsweise die Anfahrt und das Umkleiden …

■ *Betriebsvereinbarungen*

Im Gesetz finden Sie nichts über die Betriebsvereinbarung, denn sie ist ein Vertrag zwischen Unternehmen und Betriebsrat zugunsten der Mitarbeiter, also eine Art Tarifvertrag im Miniaturformat. Sie gilt für jeden einzelnen Arbeitnehmer des Betriebs und geht dem Arbeitsvertrag vor – und zwar selbst dann, wenn Sie keine entsprechende Klausel in Ihrem Arbeitsvertrag haben. Lediglich eine Betriebsvereinbarung, die Ihre bisherige Position verschlechtert, müssen Sie nicht hinnehmen. In diesem Fall können Sie auf Ihre früheren Rechte aus dem Arbeitsvertrag pochen. Oder Sie stimmen einer Änderungskündigung zu (siehe Seite 119).

Gut zu wissen: Auch wenn die Regelungen eines Tarifvertrags ungünstiger sind als die einer Betriebsvereinbarung, haben sie trotzdem Gültigkeit (Prinzip des Tarifvorrangs).

Die Betriebsvereinbarung muss bekannt gemacht werden

Die Betriebsvereinbarung muss schriftlich erfolgen (§ 77 Abs. 2 BetrVG) und während der gesamten Dauer ihrer Gültigkeit im Betrieb ausliegen oder am schwarzen Brett aushängen. So soll gewährleistet werden, dass Sie als Arbeitnehmer die Betriebsvereinbarungen kennen (können), weil Ihr Arbeitsvertrag meist in der einen oder anderen Weise darauf Bezug nimmt. Verstößt Ihr Arbeitgeber gegen die Pflicht, Betriebsvereinbarungen auszulegen, werden sie dadurch nicht unwirksam. Unklar aber ist, ob sich der Arbeitgeber bei diesem Pflichtverstoß Ihnen als Arbeitnehmer gegenüber unter Umständen schadensersatzpflichtig macht.

Zulässiger Inhalt von Betriebsvereinbarungen

Betriebsvereinbarungen können regeln, wie Arbeitgeber und Betriebsrat zusammenarbeiten und welche Rechte und Pflichten jeder hat. In diesem schuldrechtlichen Teil kann zum Beispiel vereinbart werden, in welcher Form und zu welchem Zeitpunkt der Arbeitgeber den Betriebsrat über bestimmte betriebliche Angelegenheiten zu informieren hat. Der für Sie aber wahrscheinlich interessantere Teil ist der normative. Hier werden alle formellen und materiellen Arbeitsbedingungen geregelt, soweit sie zum Aufgaben- und Einflussbereich des Betriebsrats gehören. Darunter fallen zum Beipiel die Arbeitszeiten.

Betriebsvereinbarungen dürfen jedoch nicht in Ihren Persönlichkeitsbereich (oder den der anderen Arbeitnehmer) eingreifen. Das heißt: Es darf keine Betriebsvereinbarung geben, die lediglich auf einzelne konkrete Arbeitsverhältnisse zutrifft. Auch dürfen keine Betriebsvereinbarungen getroffen werden, die Ihre Privatsphäre (oder die der anderen Arbeitnehmer) verletzen. Unzulässig sind also Betriebsvereinbarungen,

- die über die Verwendung des verdienten Arbeitsentgelts beschließen;

- die Nebenbeschäftigungsverbote aussprechen;

- die zur Teilnahme an Betriebsfeiern oder Betriebsausflügen verpflichten;

- die bereits entstandene, fällige Ansprüche und Anwartschaften von Arbeitnehmern rückwirkend beseitigen wollen;

- die betriebliche Rentenansprüche bereits ausgeschiedener Arbeitnehmer kürzen;

- welche die Auszahlung einer Abfindung im Rahmen des Sozialplans davon abhängig machen, dass ein Arbeitnehmer keine Kündigungsschutzklage nach seiner Kündigung erhebt.

Zulässig sind hingegen Betriebsvereinbarungen hinsichtlich der Betriebsordnung, zum Beispiel Rauchverbote, Torkontrollen, Regelungen hinsichtlich der Arbeits- und Schutzkleidung, sofern sie vom Arbeitgeber finanziert werden.

Schwarz auf weiß: Nachweis der getroffenen Vereinbarungen

Heute ist es fast immer üblich, dass ein schriftlicher Arbeitsvertrag geschlossen wird. Aber auch wenn Sie „per Handschlag" eingestellt wurden, muss Ihnen Ihr Arbeitgeber spätestens einen Monat, nachdem Sie angefangen haben für ihn zu arbeiten, eine Niederschrift über alle wesentlichen Vertragsbedingungen aushändigen. Dazu ist er nach § 2 Abs. 1 des Nachweisgesetzes (NachwG) verpflichtet. Was aber geschieht, wenn er das nicht tut? Nichts! Denn der Arbeitgeber, der gegen das Nachweisgesetz verstößt, muss keine Strafe fürchten. Das Gesetz sieht keine Sanktionen vor.

■ Nur Schriftliches zählt als Nachweis

Der „Dumme" im Falle eines Falles sind Sie! Natürlich können Sie sich auf Betriebsvereinbarungen oder Tarifverträge berufen, sofern Ihr Betrieb tarifgebunden ist beziehungsweise Betriebsvereinbarungen abgeschlossen hat. Ist das nicht der Fall, müssen Sie die zwischen Ihnen und Ihrem Arbeitgeber getroffenen Vereinbarungen nachweisen, wenn Sie auf Ihr Recht pochen. Steht Ihr Wort gegen das Ihres Arbeitgebers, ziehen Sie den Kürzeren!

Sie können nicht von Ihrem Arbeitgeber verlangen, dass er den Gegenbeweis gegen Ihre Behauptung antritt. Ein Beispiel: Sie haben mit Ihrem Arbeitgeber 6 Wochen Urlaub ausgehandelt, können aber die Vereinbarung nicht nachweisen, weil nichts schriftlich festgehalten wurde. Das heißt: Sie müssen sich mit dem gesetzlichen Urlaub begnügen (LAG Hamm, Urteil vom 14.8.1998 – 10 Sa 777/97). Und der beträgt 24 Werktage pro Jahr.

TIPP Auf Nachweis beharren

Reklamieren Sie, wenn Ihnen Schriftstücke fehlen. Beharren Sie darauf, dass Ihnen zumindest die wesentlichen Arbeitsbedingungen schriftlich bestätigt werden. Nur so können Sie das, was Sie vor Arbeitsbeginn mit Ihrem Arbeitgeber ausgehandelt haben, auch durchsetzen.

Hat Ihr Arbeitgeber mit Ihnen einen schriftlichen Arbeitsvertrag geschlossen, in dem die Arbeitsbedingungen geregelt sind, muss er Ihnen nicht nochmals eine Niederschrift aushändigen. Dass die wesentlichen Arbeitsbedingungen nicht doppelt aufgezeichnet werden müssen, steht in § 2 Abs. 4 NachwG.

■ *Welches sind die wesentlichen Bedingungen?*

Zu den wesentlichen Arbeitsbedingungen, die – wenn nicht im Arbeitsvertrag, dann in der Niederschrift – aufgeführt werden müssen, gehören unter anderem:

• Der Beginn des Arbeitsverhältnisses

• Die vereinbarte Arbeitszeit

• Die Dauer des Erholungsurlaubs

• Die Kündigungsfristen

Teilweise können diese Angaben durch einen Hinweis auf die einschlägigen Tarifverträge oder Betriebsvereinbarungen ersetzt werden. Das gilt aber natürlich nur dann, wenn der Betrieb tarifgebunden ist und/oder wenn er Betriebsvereinbarungen getroffen hat. Notwendige Bestandteile der Niederschrifterklärung sind:

• Name und Anschrift der Parteien

• Zeitpunkt des Beginns des Arbeitsverhältnisses

• Die vorhersehbare Dauer des Arbeitsverhältnisses (bei befristeten Arbeitsverhältnissen)

• Arbeitsort beziehungsweise ein entsprechender Hinweis, dass der Arbeitnehmer an verschiedenen Orten beschäftigt werden kann

• Bezeichnung oder allgemeine Beschreibung der Tätigkeit

• Vergütungs- beziehungsweise Lohnfragen

• Arbeitszeit und Dauer des Erholungsurlaubs

• Kündigungsfristen

• Betriebs- oder Dienstvereinbarungen

• Dauer der Tätigkeit und Wiedergabe der Bedingungen für die Rückkehr (bei Auslandstätigkeit)

• Sonstige individuelle Angaben wie Zusatzleistungen, Zusatzversorgung, Versicherungsleistungen, Sonderregelungen usw.

Sie müssen wissen, wo Sie arbeiten. Deshalb muss der Arbeitgeber den Arbeitsort in der Niederschrift nennen.

Sollten Sie an mehreren Orten arbeiten müssen, dann muss in der Niederschrift vermerkt sein, dass Sie nicht nur an einem bestimmten Arbeitsort tätig sein sollen, sondern an verschiedenen Orten beschäftigt werden können. Meist wird als Arbeitsort die Kommune angegeben, in welcher der Betrieb seinen Sitz hat. Wenn Sie an einem anderen Ort als dem Betriebssitz, beispielsweise in einer Außenstelle arbeiten sollen, muss der Arbeitgeber diesen Ort als Arbeitsort angeben. Sollen Sie nicht ständig an einem, sondern an verschiedenen Orten beschäftigt werden, muss der Arbeitgeber in der Niederschrift darauf hinweisen.

Zudem müssen Sie wissen, als was Sie arbeiten. Deshalb ist auch die Bezeichnung oder eine allgemeine Beschreibung der zu leistenden Tätigkeit aufzuführen.

Dabei reicht es völlig aus, wenn der Arbeitgeber die zu leistenden Tätigkeiten grob umschreibt oder angibt, welches charakteristische Berufsbild für die Tätigkeit maßgebend ist, etwa „Kaufmännischer Angestellter" oder „Technischer Angestellter". Und natürlich müssen Sie wissen, wofür Sie arbeiten. Dementsprechend hat die Niederschrift Ihren Lohn, sonstige Entgeltbestandteile sowie den Erholungsurlaub zu erwähnen.

Die Niederschrift ist kein Bestandteil des Arbeitsvertrags. Deshalb muss sie zwar von Ihrem Arbeitgeber, aber nicht von Ihnen als Arbeitnehmer unterschrieben werden (§ 2 Abs. 1 Satz 1 NachwG). Achten Sie aber trotzdem darauf, dass die Arbeitgebererklärung alle wesentlichen Vereinbarungen und Arbeitsbedingungen enthält.

TIPP Fertigen Sie ein Gedächtnisprotokoll an

Schreiben Sie auf, was Sie mit Ihrem Arbeitgeber ausgehandelt haben, solange die Erinnerung daran noch frisch ist. Versehen Sie Ihre Notizen mit dem entsprechenden Datum. Händigt Ihnen der Arbeitgeber die Niederschrift aus, können Sie anhand Ihres Protokolls prüfen, ob alle Vereinbarungen richtig wiedergegeben werden. Erhalten Sie keine Niederschrift, obwohl Sie sie mehrmals angemahnt haben, können Sie mit Notizen im Streitfall besser punkten als ohne.

Arbeitsrecht für Arbeitnehmer

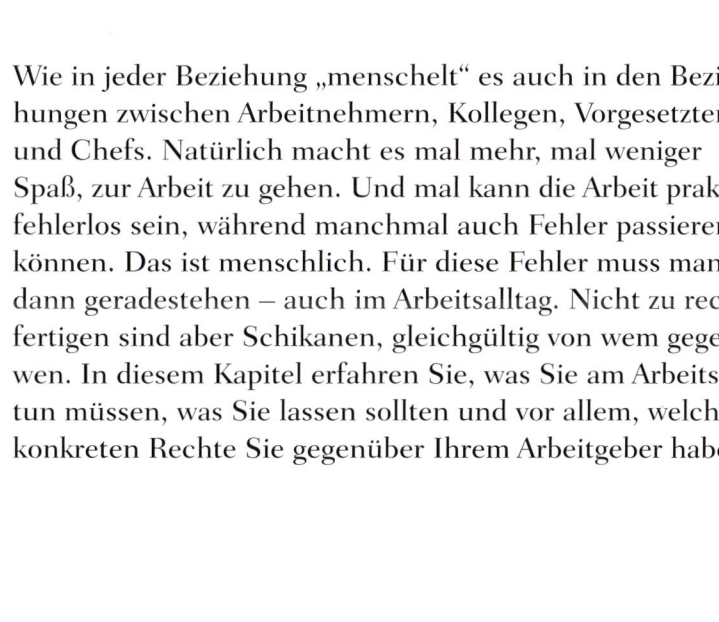

Lust und Frust im Job: der Arbeitsalltag

Wie in jeder Beziehung „menschelt" es auch in den Beziehungen zwischen Arbeitnehmern, Kollegen, Vorgesetzten und Chefs. Natürlich macht es mal mehr, mal weniger Spaß, zur Arbeit zu gehen. Und mal kann die Arbeit praktisch fehlerlos sein, während manchmal auch Fehler passieren können. Das ist menschlich. Für diese Fehler muss man dann geradestehen – auch im Arbeitsalltag. Nicht zu rechtfertigen sind aber Schikanen, gleichgültig von wem gegen wen. In diesem Kapitel erfahren Sie, was Sie am Arbeitsplatz tun müssen, was Sie lassen sollten und vor allem, welche konkreten Rechte Sie gegenüber Ihrem Arbeitgeber haben.

Thema Nummer eins: das liebe Geld

Ganz oben auf dem Siegertreppchen bei den „beliebtesten" Streit-
punkten am Arbeitsplatz steht natürlich das Thema Geld, dicht gefolgt
vom Streit um Urlaubsfragen – aber auch da geht es sehr häufig „nur"
ums Geld. Manchmal sind die Fronten klar abgesteckt: Einige Arbeitgeber wollen viel Arbeit für möglichst wenig Geld, und einige Arbeitnehmer wollen viel Geld für möglichst wenig Arbeit. Glücklicherweise sind
die „Vernünftigen" die Mehrzahl. Dennoch ist es gut zu wissen, wie
viel die eigene Arbeit wert ist. Und das erfahren Sie in diesem Kapitel.

■ Lohn und Gehalt, Lohnsteuer, Sozialversicherungsbeiträge

Sie haben Anspruch auf eine gerechte Gegenleistung für Ihre Arbeit. Gerecht heißt, dass das Entgelt Ihrer Leistung angepasst ist. Bezahlt der Arbeitgeber Ihren Lohn/Ihr Gehalt nicht, ist das ein Grund für eine fristlose Kündigung.

Kurz zu den Begriffen: Entgelt ist der Oberbegriff und umfasst sowohl Gehalt als auch Lohn. Das Gehalt wird meist in einer festen Höhe in Verbindung mit ei-ner wöchentlichen Arbeitszeit im Arbeits-vertrag festgeschrieben. Es kann sowohl fix als auch variabel sein, also beispiels-weise vom erzielten Umsatz, dem Gewinn oder von einer anderen Größe abhängen. Lohn hingegen ist das Entgelt, das ein Arbeitnehmer pro Arbeitsstunde erhält. Im Arbeitsvertrag wird vereinbart, wie viele Wochenarbeitsstunden zu leisten sind. Weil nicht jeder Monat die gleiche Anzahl an Wochen und Arbeitsstunden hat, variiert das Entgelt in Lohnform im Gegensatz zu dem in Gehaltsform.

Ihr Arbeitgeber muss Ihr Entgelt pünkt-lich an Sie bezahlen. Das muss jedoch nicht der Monatserste sein, es gibt viele Unternehmen, welche die Entgelte zur Monatsmitte auszahlen. Letztendlich ist das Vereinbarungssache. Die Regel aber ist, dass Lohn und Gehalt „nachschüssig" bezahlt werden, also nachdem Sie als Ar-beitnehmer Ihre Leistung für den Abrech-nungszeitraum bereits erbracht haben. Das gilt auch für variable Gehaltsbe-standteile, wobei hier häufig andere Ab-rechnungszeiträume zugrunde gelegt werden, etwa abgelaufene Quartale oder das Wirtschaftsjahr des Unternehmens.

Bevor der Arbeitgeber Ihnen Ihr Entgelt überweist, muss er davon die Lohnsteuer und die Sozialversicherung abziehen. Er bezahlt Ihnen den Lohn also nur gekürzt, netto, aus. Die Lohnsteuer muss er pünktlich und vollständig ans Finanzamt überweisen, den Arbeitnehmer- sowie den Arbeitgeberanteil zur Sozialversicherung an die entsprechenden Träger abführen.

■ Wie wird Ihr Entgelt festgelegt?

Die Lohn- und Gehaltshöhe sowie die Zahlungsweise müssen Sie individuell mit Ihrem Arbeitgeber aushandeln. Wenn das Unternehmen tarifgebunden ist, muss mindestens der Tariflohn eingehalten werden (siehe Seite 45). Gehört Ihr Unternehmen zu einer der Branchen, für die ein Mindestlohn gilt, muss es zumindest diesen bezahlen (siehe Seite 45 f.).

Gilt für das Unternehmen, in dem Sie arbeiten (wollen), ein Tarifvertrag, muss es zudem die darin enthaltenen Festlegungen zur Entlohnungsform beachten. Darüber hinaus hat der Betriebsrat ein Mitbestimmungsrecht (§ 87 Abs. 1 Betriebsverfassungsgesetz/BetrVG) beim Aufstellen von Entlohnungsgrundsätzen sowie bei der Einführung, der Anwendung und der Änderung von Entlohnungsmethoden.

Tritt Ihr Arbeitgeber aus dem Verband aus, haben Sie keinen Anspruch mehr auf Entgelterhöhungen nach Tarifrecht. Und zwar auch dann nicht, wenn Sie gewerkschaftlich organisiert sind. Es gilt nur das, was im Arbeitsvertrag vereinbart wurde. Haben Sie als nicht gewerkschaftlich organisierter Arbeitnehmer in Ihrem Arbeitsvertrag vereinbart, dass Sie automatisch an den Tariferhöhungen teilnehmen, gehen Sie nach dem Verbandsaustritt ebenfalls leer aus.

■ Was im Arbeitsvertrag steht, gilt

Will Ihr Arbeitgeber die Entlohnung ändern, kann er dies in den meisten Fällen nicht gegen Ihren Willen tun. Er ist an den mit Ihnen geschlossenen Arbeitsvertrag gebunden. Das heißt: Ohne Ihre Einwilligung kann das Unternehmen nur solche Geldleistungen streichen, die es mit einem Zahlungsvorbehalt versehen hat. Will es mehr ändern, müssen Sie als Mitarbeiter damit einverstanden sein. Was geschieht aber, wenn Sie nicht einverstanden sind? Dann kann Ihr Arbeitgeber eine betriebsbedingte Änderungskündigung erklären. Damit kündigt er Ihren bestehenden Vertrag und bietet Ihnen einen neuen Vertrag mit dem neuen Entlohnungssystem an. Allerdings ist mehr als zweifelhaft, ob eine solche Änderungskündigung einer gerichtlichen Überprüfung standhalten würde – ganz abgesehen davon, dass eine solche Vorgehensweise sich extrem negativ auf das Betriebsklima auswirkt. Generell sind betriebsbedingte Änderungskündigungen zur Absenkung von Löhnen und Gehältern nur zur Behebung einer echten Krise möglich.

■ Entgeltfortzahlung im Krankheitsfall

Sind Sie als Arbeitnehmer arbeitsunfähig krank oder in Kur, muss Ihnen Ihr Arbeitgeber das Entgelt per Gesetz für die Dauer von höchstens 6 Wochen weiter bezahlen, und zwar zu 100 Prozent. Haben Sie wieder gearbeitet und werden dann erneut krank, kommt es darauf an, ob dieselbe Krankheit wiedergekehrt ist oder ob Sie an einer anderen Krankheit leiden. Im letzteren Fall beginnt die Sechs-Wochen-Frist neu, im ersteren lebt sie wieder auf. Das Entgelt, das für Überstunden bezahlt wird, zählt bei dem fortzuzahlenden Arbeitsentgelt nicht mit.

■ Verspätete Entgeltzahlungen

Bezahlt das Unternehmen den Lohn oder das Gehalt verspätet aus, muss es Ihnen die Zinsen, die Ihnen entgangen sind, ersetzen. Allerdings müssen Sie diesen Schadensersatz aktiv einfordern, und das fristgerecht, also innerhalb der tariflichen Ausschlussfristen (BAG, Urteil vom 19.2.1998 – 8 AZR 371/96). Aber auch dann, wenn Sie zu Ihrem regulären Gehalt eine Nachzahlung erhalten, weil Sie einen gerichtlichen Streit mit Ihrem Arbeitgeber gewinnen, können Sie Schadensersatz geltend machen (BAG, Urteil vom 14.5.1998 – 8 AZR 633/96). Der Schaden entsteht in diesem Fall durch die Steuerprogression. Denn je höher Ihr Gehalt ist, desto mehr Steuer zahlen Sie. Hätten Sie Ihr Gehalt regelmäßig erhalten, wäre die Steuer immer nur in moderater Höhe angefallen. Mit der Nachzahlung schnellen Sie nun in der Progression nach oben. Beruht die Nachzahlung auf einem Fehler Ihres Arbeitgebers, muss er Ihnen den Schaden, in diesem Fall die zu viel bezahlte Steuer, ersetzen.

■ Was geschieht, wenn der Arbeitgeber die Lohnsteuer nicht richtig berechnet und abführt?

Die Lohnsteuer ist eine Vorauszahlung auf die Einkommensteuer, die von Ihnen als Arbeitnehmer (korrekter gesagt: als Bezieher von Einkünften aus nicht selbstständiger Tätigkeit) in der Regel monatlich bezahlt wird. Sie ist eine Quellensteuer. Das bedeutet, dass Ihr Arbeitgeber die Lohnsteuer für Sie von Ihrem Bruttogehalt einbehält, dem Finanzamt anmeldet (Lohnsteuervoranmeldung) und den Betrag in Ihrem Namen an das Finanzamt abführt.

Der Unternehmer haftet dem Finanzamt gegenüber für die korrekte Berechnung und Abführung – hier auch im zeitlichen Sinne korrekt – der einbehaltenen Lohnsteuer. Um diese korrekt berechnen zu können, braucht die Personalabteilung Ihres Arbeitgebers von Ihnen bestimmte Daten, zum Beispiel Ihren Familienstand, die Anzahl Ihrer Kinder … Hat er diese Angaben nicht, berechnet er die Lohnsteuer in aller Regel nach der für Sie ungünstigsten Konstellation überhaupt, der Lohnsteuerklasse VI. So will er vermeiden, zu wenig Lohnsteuer einzubehalten und abzuführen. Denn würde zu wenig Lohnsteuer an das Finanzamt bezahlt, darf dieses sich aussuchen, ob es sich den Fehlbetrag von ihm holt oder von Ihnen als Arbeitnehmer, der die Lohnsteuer „eigentlich" schuldet. Der Grund: Ihr Arbeitgeber und Sie sind „Gesamtschuldner". Und häufig ist es einfacher und auch erfolgversprechender für das Finanzamt, die fehlende Lohnsteuer beim Arbeitgeber einzutreiben.

Musste der Arbeitgeber Ihre Lohnsteuer bezahlen, dann hat er Ihnen die Summe quasi „vorgestreckt". Das heißt: Er kann das, was er Ihnen zu viel ausbezahlt hat, wieder zurückverlangen, weil Sie ungerechtfertigt bereichert sind.

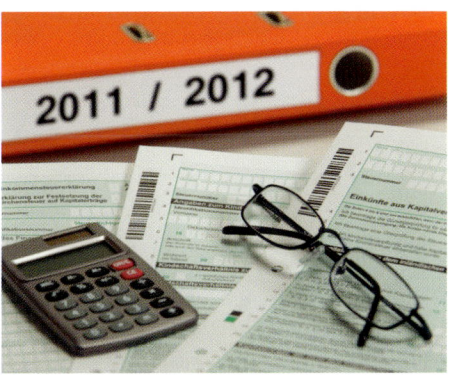

TIPP Ungerechtfertigt bereichert sind Sie nicht ewig

Wer ungerechtfertigt bereichert ist (§ 812 BGB), muss das zu Unrecht Erhaltene zurückerstatten. Aber: Nach § 818 Abs. 3 BGB ist die Verpflichtung zur Rückzahlung ausgeschlossen, wenn Sie den Tatbestand der Überzahlung nicht kannten und nicht mehr bereichert sind. Wenn Sie also die falsche Berechnung Ihrer Lohnsteuer nicht bemerkt haben, fehlt Ihnen die Kenntnis. Und wenn das Geld nicht mehr da ist, sind Sie auch nicht mehr bereichert. Der Arbeitgeber kann also nichts von Ihnen zurückverlangen.

Es kann mehrere Gründe geben, warum ein Arbeitgeber die Lohnsteuer falsch berechnet:

- Meinungsverschiedenheiten zwischen Arbeitgeber und Finanzamt aufgrund unterschiedlicher Auslegung von Gesetzen

- Sie als Arbeitnehmer haben mehrere Minijobs, von denen der Arbeitgeber nichts weiß

- Sie haben dem Arbeitgeber nicht mitgeteilt, dass lohnsteuererhebliche Tatsachen eingetreten sind, zum Beispiel dass Sie von Ihrem Ehepartner getrennt leben

- Ein Freibetrag ist rückwirkend herabgesetzt worden, der Arbeitgeber behält die zu wenig erhobene Lohnsteuer aber nicht nachträglich ein

- Der Arbeitslohn besteht hauptsächlich aus Sachbezügen

Letztendlich aber ist es gleichgültig, warum er die Lohnsteuer falsch berechnet hat, er haftet in jedem Fall. Gut zu wissen: Bei der pauschalen Lohnsteuer ist Ihr Arbeitgeber sowohl Steuerträger als auch Steuerschuldner. Deshalb müssen Sie hier keinerlei Befürchtungen haben, dass das Finanzamt an Sie Forderungen stellt oder dass der Arbeitgeber von Ihnen eine Rückzahlung haben möchte.

■ Was geschieht, wenn der Arbeitgeber die Sozialversicherungsbeiträge nicht richtig berechnet und abführt?

Auch bei der Sozialversicherung muss der Arbeitgeber die Arbeitnehmerbeiträge von Ihrem Bruttoentgelt einbehalten und abführen. Berechnet er die Beiträge zu niedrig, haben Sie logischerweise zu viel ausbezahlt bekommen. Damit sind Sie wiederum ungerechtfertigt bereichert. Und deswegen müssen Sie in diesem Fall das zu viel erhaltene Entgelt an den Arbeitgeber zurückzahlen.

Aber auch hier gilt wieder: Sie sind nach § 818 Abs. 3 BGB nicht mehr zur Rückzahlung verpflichtet, wenn Sie nicht wussten, dass Sie zu viel ausbezahlt erhalten und nicht mehr bereichert – also „entreichert" – sind. Und gerade bei kleineren und mittleren Arbeitseinkommen wird schnell eine Entreicherung vermutet, vor allem dann, wenn Sie jeden Monat nur einen geringen Betrag zu viel ausbezahlt bekommen haben (höchstens 10 Prozent des eigentlich richtigen Entgelts). In diesem Fall brauchen Sie nicht konkret nachzuweisen, dass Sie durch die Überzahlungen nicht mehr bereichert sind (BAG, Urteil vom 25.4.2001 – 5 AZR 497/99 und vom 23.5.2001 – 5 AZR 374/99). Will der Arbeitgeber dennoch „sein" Geld von Ihnen, muss er nachweisen (!), dass Sie doch noch bereichert sind.

■ Weihnachts- und Urlaubsgeld

Weihnachts- und Urlaubsgeld – oft als 13. und 14. Monatsgehalt ausbezahlt – sind zusätzliche Vergütungen zu Ihrem üblichen Entgelt. Sie sind freiwillige Leistungen des Arbeitgebers, auf die Sie nur dann einen Rechtsanspruch haben, wenn Sie sie einzelvertraglich vereinbart haben, wenn die Zahlung im Tarifvertrag vereinbart wurde oder wenn es sich um eine Betriebsvereinbarung beziehungsweise eine betriebliche Übung handelt. Die Namen begründen ebenfalls keinen Rechtsanspruch, sie haben lediglich Beziehung zum Auszahlungszeitpunkt des Sonderentgelts. Achtung: Auch Teilzeitbeschäftigte haben – entsprechend ihrer persönlichen Arbeitszeit – Anspruch auf Weihnachts- und Urlaubsgeld, wenn ein solches vereinbart wurde (BAG, Urteil vom 23.4.1996 – 9 AZR 696/94).

Sieht ein Tarifvertrag vor, dass nur die Mitarbeiter eine Gratifikation bekommen, deren Arbeitsverhältnis nicht ruht, muss der Arbeitgeber auch denjenigen Weihnachtsgeld bezahlen, die krank waren. Der Grund: Bei einer Krankheit ruht das Arbeitsverhältnis nicht, sondern besteht aktiv weiter (LAG Köln, Urteil vom 14.8.1998 – 11 Sa 1256/97).

Richtet sich die Höhe des Weihnachtsgelds nach der tatsächlichen Arbeitsleistung, darf der Arbeitgeber es um die Zeiten kürzen, in denen der Betrieb bestreikt wurde (Niedersächsisches Landesarbeitsgericht, Urteil vom 27.4.1009 – 11 Sa 179/98).

Auch wer in Erziehungsurlaub ist, kann unter Umständen leer ausgehen. Hat der Arbeitgeber das Weihnachtsgeld freiwillig bezahlt und sich ausdrücklich vorbehalten, die Zusage im nächsten Jahr widerrufen zu können, steht es ausschließlich im Belieben des Arbeitgebers, ob er den Erziehungsurlaubern Weihnachtsgeld bezahlt oder nicht (LAG Schleswig-Holstein, Urteil vom 5.3.1997 – 3 Sa 378/96).

◼ *Mehr-, Sonn- und Feiertags- sowie Nachtarbeit*

Das, was üblicherweise als „normal" angesehen wird, also eine Arbeitszeit von 8 bis 17 Uhr, ist für viele Arbeitnehmer überhaupt nicht normal. Das Arbeitszeitgesetz bestimmt deshalb auch keine übliche Arbeitszeit, sondern legt Höchstarbeitszeiten pro Tag fest. Nach dem Arbeitszeitgesetz (ArbZG) darf die Arbeitszeit an einem Werktag, also an jedem Tag außer dem Sonntag, nicht mehr als 8 Stunden betragen (§ 3 ArbZG). Sonntagsarbeit ist nur mit Einschränkungen erlaubt (§ 9 ArbZG und § 10 ArbZG).

Der Arbeitgeber kann jedoch anordnen, dass die werktägliche Arbeitszeit auf bis zu 10 Stunden verlängert wird. Dann muss er innerhalb der nächsten höchstens 6 Monate einen Ausgleich in Form von Freizeit schaffen, damit die vorgeschriebenen täglichen 8 Stunden im Durchschnitt nicht überschritten werden (§ 3 ArbZG). Auch ein Tarifvertrag kann die werktägliche Arbeitszeit erhöhen. Darin kann etwa eine Arbeitszeit von bis zu 10 Stunden werktäglich vereinbart werden, und zwar ohne dass ein Freizeitausgleich geschaffen wird (§ 7 ArbZG). Wichtig: Das Arbeitszeitgesetz gilt nicht für leitende Angestellte. Sie sind grundsätzlich dazu verpflichtet, ohne weiteres Entgelt betriebsnotwendige Überstunden zu leisten.

INFO Nachtarbeit

Nachtarbeit ist jede Arbeit, die zu mehr als 2 Stunden in der Nachtzeit geleistet wird. Die Nacht beginnt dabei vorbehaltlich anderer tarifvertraglicher Regelungen um 23 Uhr und endet um 6 Uhr. Für Nachtarbeit muss Ihnen der Arbeitgeber entweder einen angemessenen Zuschlag bezahlen oder Ihnen eine entsprechende Zahl freier Tage als Ausgleich gewähren.

■ Keine Mehrarbeit für Jugendliche, Schwerbehinderte und werdende/stillende Mütter

Für Jugendliche gilt nicht das allgemeine Arbeitszeitgesetz, sondern das Jugendarbeitsschutzgesetz (JArbSchG). Jugendliche dürfen grundsätzlich keine Mehrarbeit leisten (§ 8 JarbSchG). Doch kein Grundsatz ohne Ausnahme: In einem absoluten Notfall kann der Arbeitgeber auch einen Jugendlichen zur Mehrarbeit heranziehen. Dann muss er dessen Arbeitszeit aber innerhalb der nächsten 3 Wochen so verkürzen, dass die geleistete Mehrarbeit ausgeglichen wird. Die über die vereinbarte regelmäßige tägliche Arbeit hinausgehende Beschäftigung ist besonders zu vergüten. Auch werdende oder stillende Mütter dürfen nicht zur Mehrarbeit herangezogen werden. Sie dürfen zudem nicht nachts arbeiten (§ 8 MuSchG).

Schwerbehinderte Menschen oder ihnen Gleichgestellte können verlangen, dass sie von jeder Art von Mehrarbeit freigestellt werden (§ 124 SGB IX). Mehrarbeit im Sinne des Sozialrechts ist dabei wie im Arbeitsrecht jede Arbeit, die über die täglichen 8 Stunden hinausgeht.

■ Die Vergütung von Mehrarbeit

Mehrarbeit liegt dann vor, wenn der Arbeitgeber sie angeordnet oder wenigstens geduldet hat. Das darf der Arbeitgeber aufgrund seines Direktionsrechts. Dabei muss er allerdings die Interessen der Arbeitnehmer berücksichtigen. Hat das Unternehmen einen Betriebsrat, ist dieser bei jeder Anordnung von Überstunden zu beteiligen (§ 87 BetrVG). Das Mitbestimmungsrecht des Betriebsrats umfasst alle Fragen, die mit der Überstundenanordnung zusammenhängen, also auch die des Freizeitausgleichs oder eines Zuschlags. Sie als Arbeitnehmer dagegen haben keinen Anspruch auf Überstunden oder sonstige Mehrarbeit.

Mit diesen wachsweichen Aussagen ist klar, dass Streit programmiert ist. Wird die Mehrarbeit mit Freizeit ausgeglichen, erhalten Sie in aller Regel kein besonderes Entgelt für die Mehrarbeit. Dafür erhalten Sie ja eine bezahlte Freistellung von der Arbeit.

TIPP Besondere Entgelte gesondert vereinbaren

Häufig sehen Tarifverträge beziehungsweise Betriebsvereinbarungen Zuschläge für Überstunden, Wochenend- und Nachtarbeit vor. Bei den Überstunden je nach Anzahl meist gestaffelt von 25 Prozent bis zu 100 Prozent, bei Sonntagsarbeit bis zu 150 Prozent und weiteres mehr. Ist das bei Ihnen nicht der Fall, sollten Sie versuchen, in Ihrem Arbeitsvertrag eine entsprechende Vereinbarung mit Ihrem Arbeitgeber zu treffen. Denn ohne eine gesonderte Vereinbarung können Sie einen Überstunden- oder Mehrarbeitszuschlag nur dann beanspruchen und durchsetzen, wenn er betriebs- oder branchenüblich ist. Arbeiten Sie an Sonn- und Feiertagen, haben Sie keinen gesetzlichen Anspruch auf einen Zuschlag. Meist erhalten Sie stattdessen einen anderen Ruhetag als Ersatz.

■ Die Überstundenpauschale im Arbeitsvertrag

In vielen Arbeitsverträgen ist „standardmäßig" eine Klausel enthalten, in der Mehrarbeit als pauschal abgegolten gilt. Eine solche Klausel ist beispielsweise: „Mit der monatlichen Gehaltszahlung ist eine eventuell anfallende Mehrarbeit abgegolten." Oder: „Der Mitarbeiter ist zu Mehr-, Nacht-, Sonn- und Feiertagsarbeit im zulässigen Umfang verpflichtet. Durch den Wochen/Monatslohn ist alle anfallende Mehrarbeit abgegolten." Was zunächst als „ganz okay" anmutet, ist problematisch – für den Arbeitgeber. Wenn diese oder eine ähnliche Überstundenklausel Sie benachteiligt, ist sie unwirksam (LAG Düsseldorf, Urteil vom 11.7.2008 - 9 Sa 1958/07). Vertragliche Klauseln, wonach Überstunden mit dem Grundgehalt als abgegolten gelten, sind nur wirksam, wenn sie transparent und verständlich formuliert sind. Aus der Formulierung muss insbesondere klar hervorgehen, wie viele Überstunden mit dem Grundgehalt abgedeckt sein sollen.

TIPP **Mehrarbeitsbuchführung**

Sie als Arbeitnehmer müssen die geleisteten Überstunden beweisen (BAG, Urteil vom 17.4.2002 – 5 AZR 644/00). Sie sollten also genau „Buch führen" über die geleistete Mehrarbeit mit Tag und Uhrzeiten. Am besten ist, Sie lassen sich Ihre „Stundenzettel" von Ihrem Vorgesetzten gegenzeichnen. Das dient Ihnen auch als Nachweis, dass der Arbeitgeber die Überstunden gewollt hatte oder zumindest geduldet hat (BAG, Urteil vom 4.5.1995 – 4 AZR 445/93). Vermeiden Sie unvollständige oder unklare Aufzeichnungen. Die nämlich gehen bei einem Streit mit dem Arbeitgeber zu Ihren Lasten.

■ *Entgeltumwandlung und betriebliche Altersvorsorge*

Seit 2002 haben Sie einen Rechtsanspruch auf die Umwandlung eines Teils ihres Gehalts, etwa Urlaubs- oder Weihnachtsgeld, in Beiträge zu einer betrieblichen Altersvorsorge (BAV). Darunter versteht man „Leistungen der betrieblichen Alters-, Invaliditäts- oder Hinterbliebenenversorgung aus Anlass eines Arbeitsverhältnisses". Voraussetzung dafür ist eine Leistungszusage an Sie als Arbeitnehmer. In der konkreten Gestaltung ist der Arbeitgeber frei, Sie können lediglich verlangen, dass bis zu 4 Prozent der jeweiligen Beitragsbemessungsgrenze in der Rentenversicherung durch Entgeltumwandlung für Ihre betriebliche Altersversorgung verwendet werden. Im Rahmen dieses Anspruchs können Sie weiter verlangen, dass die Voraussetzungen für eine Förderung nach dem Einkommensteuergesetz (§ 10a Einkommensteuergesetz/EStG, § 82 EStG) erfüllt werden.

Achtung: Beruhen Ihre Entgeltansprüche auf einem Tarifvertrag, können Sie sie nur dann für eine Entgeltumwandlung nutzen, wenn der Tarifvertrag dies vorsieht oder dies durch einen Tarifvertrag zugelassen ist. Bei einem Arbeitgeberwechsel kann der bestehende Vertrag „mitgenommen" werden.

Die Durchführung der Entgeltumwandlung selbst erfolgt durch eine Vereinbarung auf individueller, betrieblicher oder tariflicher Grundlage zwischen Arbeitgeber und Arbeitnehmer. Bietet das Unternehmen keine eigene betriebliche Altersversorgung an, können Sie wählen, welche Möglichkeiten der betrieblichen Altersvorsorge (Pensionszusage, Direktversicherung, Unterstützungskasse) Sie nutzen wollen. Besteht eine Pensionskasse oder ein Pensionsfond, darf der Arbeitgeber diese Möglichkeit anbieten und den Anspruch hierauf beschränken.

■ *Dienstwagen als Teil des Arbeitsentgelts*

Ohne Geld ist alles nichts, aber Geld ist nicht alles – oder so ähnlich. Tatsache jedenfalls ist, dass Teile des Entgelts nicht in bar, sondern auch in sogenannten Sachbezügen – zum Beispiel einem Dienstwagen – geleistet werden können. Steuerlich kann das sogar günstiger sein, als von Ihrem versteuerten Entgelt ein Auto zu kaufen. Treffen Sie mit Ihrem Arbeitgeber eine entsprechende Vereinbarung, ist die Gestellung (so der Fachbegriff) eines Dienstwagens Teil Ihres Entgelts. Damit haben Sie, solange Ihr Arbeitsvertrag gilt, Anspruch auf die Nutzung des Wagens. Dürfen Sie das Firmenfahrzeug auch privat fahren, müssen Sie diesen geldwerten Vorteil lohnversteuern. Den Nachweis, wie viel Sie privat gefahren sind, können Sie durch ein lückenloses Fahrtenbuch erbringen. Damit erfassen Sie den Privatanteil sehr genau, aber es auch eine ziemlich aufwändige Methode, weil die Anforderungen an ein vom Finanzamt anzuerkennendes Fahrtenbuch so hoch sind, dass Sie praktisch – egal wie Sie es anstellen – nur Fehler machen können. Deshalb ist für die meisten die pauschale 1-Prozent-Regelung die bessere Möglichkeit.

Achtung: Wer das Auto, das ihm vom Arbeitgeber gestellt wird, ausschließlich beruflich fährt, braucht hier nicht

weiterzulesen. Alles, was jetzt kommt, hat damit zu tun, dass er das Auto auch privat nutzen darf oder dass nicht kontrolliert wird, ob er das Auto auch privat nutzt. Trifft das nicht auf Sie zu, lesen Sie weiter auf Seite 69.

■ Wer schreibt, der bleibt: das Fahrtenbuch

Wenn Sie nur die tatsächlich privat gefahrenen Kilometer als geldwerten Vorteil versteuern wollen, müssen Sie ein Fahrtenbuch führen. Das muss vom Finanzamt anerkannt werden und deshalb in jedem Fall den steuerlichen Anforderungen genügen. Konkret bedeutet das: Es muss in „geschlossener Buchform", lückenlos (sämtliche beruflichen und alle privaten Fahrten innerhalb des gesamten Jahres), mit Angaben zu Kilometerstand, Fahrtzielen und gefahrenen Routen geführt werden. Außerdem müssen die Aufzeichnungen zeitnah erfolgen. Es genügt also nicht, wenn ein Fahrtenbuch über einen „repräsentativen" Zeitraum geführt wird. Und Excel-Sheets werden von der Finanzverwaltung ebenfalls nicht als ordnungsgemäßes Fahrtenbuch anerkannt. Ist ein Fahrtenbuch nicht ordentlich im steuerlichen Sinn geführt, kommt automatisch die 1-Prozent-Methode zum Ansatz.

Nur dann, wenn ein ordnungsgemäßes Fahrtenbuch geführt wird, werden nach § 8 Abs. 2 Satz 4 EStG bei der Ermittlung des geldwerten Vorteils aus der privaten Dienstwagennutzung „sämtliche" Fahrzeugaufwendungen berücksichtigt. „Sämtliche" heißt: Nicht nur die Kosten, die auf den Arbeitgeber entfallen, sondern auch die, die der Arbeitnehmer trägt. Deshalb kann der Arbeitnehmer, der für seinen Dienstwagen ein Fahrtenbuch führt, die Kosten, die nachweislich von ihm selbst getragen werden, als Werbungskosten in seiner Einkommensteuererklärung geltend machen (BFH, Urteil vom 18.10.2007 – VI R 57/06).

TIPP Fahrtenbuch trotz der 1-Prozent-Regelung
Viele Arbeitgeber lassen sich nicht auf die Unwägbarkeiten des Fahrtenbuchs ein. Sie versteuern den geldwerten Vorteil grundsätzlich nach der 1-Prozent-Methode. Wenn Sie nur wenige Kilometer privat fahren, ist das für Sie nachteilig. Sie können aber parallel ein Fahrtenbuch führen und dann am Ende eines Jahres in Ihrer Einkommensteuererklärung den zu viel bezahlten geldwerten Vorteil vom Finanzamt zurückverlangen. Vorausgesetzt Sie führen das Fahrtenbuch so ordentlich, dass das Finanzamt es anerkennt.

■ Die 1-Prozent-Regelung

Bei der 1-Prozent-Regelung wird die private Nutzung eines Autos monatlich mit einem Prozent des inländischen Listenpreises zum Zeitpunkt der Erstzulassung zuzüglich der Kosten für Sonderausstattung angesetzt (§ 6 Abs. 1 Nr. 4 Satz 2 EStG). Fahren Sie ein Auto im Wert von 50 000 Euro, beträgt der monatliche zusätzlich zum übrigen Gehalt zu versteuernde geldwerte Vorteil aus der erlaubten Privatnutzung 500 Euro. Im Jahr müssen Sie also zusätzlich 6000 Euro lohnversteuern. Wenn Sie das Dienstauto auch für Fahrten zwischen Wohnung und Arbeitsstätte nutzen, müssen Sie pro Entfernungskilometer zwischen Wohnung und Arbeitsstätte nochmals 0,03 Prozent des inländischen Listenpreises zusätzlich versteuern.

Als Listenpreis gilt dabei die unverbindliche Preisempfehlung des Herstellers für das Fahrzeug zum Zeitpunkt der Erstzulassung in Deutschland. Dieser Bruttolistenpreis umfasst die Umsatzsteuer sowie die Kosten für – auch nachträglich eingebaute – Sonderausstattungen. Übrigens: Der Listenpreis zum Zeitpunkt der Erstzulassung kommt auch dann zum Ansatz, wenn Ihr Chef Ihnen aus Sparsamkeit ein gebrauchtes Auto als Dienstwagen zur Verfügung stellt.

■ Unberechtigter Entzug des Dienstwagens

Da der Dienstwagen Teil Ihres Arbeitsentgelts ist, haben Sie Anspruch darauf. Das wiederum heißt, der Arbeitgeber kann Ihnen den Dienstwagen nicht einfach wegnehmen. Wenn er Ihnen Ihren fahrbaren Untersatz zu Unrecht entzieht, können Sie Schadensersatz verlangen. In welcher Höhe dabei Schadensersatz anfällt, hängt von Ihnen ab. Die Untergrenze ist die Höhe des steuerlichen Sachbezugswerts. Sie können aber auch die Höhe des Schadens konkret berechnen. Dann muss Ihr Arbeitgeber Ihnen den Schaden in der tatsächlich angefallenen Höhe ersetzen (Arbeitsgericht Kiel, Urteil vom 19.2.1998 – 5 Ca 1770b/97)

■ Kündigung und Dienstwagen

Auch ein gekündigter Mitarbeiter darf den Dienstwagen weiterhin fahren, wenn er gerichtlich gegen die Kündigung vorgeht.

Voraussetzung: Die Firma hat ihm die Privatnutzung des Dienstwagens erlaubt. Dann darf er den Dienstwagen – als Teil des ihm zustehenden Gehalts – bis zum Ende der Kündigungsfrist nutzen, selbst wenn er gar nicht mehr zur Arbeit oder zu Kunden fährt.

Würde Ihnen der Dienstwagen vor Ablauf der Kündigungsfrist entzogen, müsste Ihnen der Arbeitgeber Schadensersatz zahlen, es sei denn, das Arbeitsgericht stellt fest, dass die Kündigung wirksam war. War die Kündigung aber unwirksam, hat die Firma Ihnen ungerechtfertigt einen Teil Ihrer Entlohnung vorenthalten. Wichtig: Sie können im Fall der tatsächlichen Nutzung Ihres gleichwertigen privaten Pkws nur verlangen, dass Ihnen die hierfür aufgewendeten Kosten ersetzt werden (BAG, Urteil vom 16.11.1995 – 8 AZR 240/95). Eine abstrakt – zum Beispiel nach einer Entfernungstabelle – ermittelte Nutzungsausfallentschädigung steht Ihnen nicht zu.

■ Sofortiger Entzug nach Eigenkündigung

In vielen Arbeitsverträgen wird vereinbart, dass der Arbeitgeber das Recht zur privaten Dienstwagennutzung dann widerrufen kann, wenn der Arbeitnehmer selbst kündigt und er freigestellt wird. Eine solche Klausel ist zulässig, denn sie benachteiligt Sie nicht unangemessen (Inhaltskontrolle nach §§ 307 ff. BGB).

Aber: Der Arbeitgeber muss nach „billigem Ermessen" handeln, wenn er das Nutzungsrecht widerruft. Wenn Sie als Arbeitnehmer kündigen, zum Beispiel zum 30.6., und Sie werden mit sofortiger Wirkung, zum Beispiel am 8.6., freigestellt, dann kann der Arbeitgeber von Ihnen nicht am 9.6. die Rückgabe des Dienstwagens verlangen. Und zwar noch nicht einmal dann, wenn er „gewichtige Gründe" ins Feld führen kann (BAG, Urteil vom 21.3.2012 – 5 AZR 651/10). Das gilt insbesondere, wenn Sie als Ex-Mitarbeiter kein anderes Fahrzeug haben und die Privatnutzung nach der 1-Prozent-Regelung noch für den ganzen Monat versteuern müssen. Eine Rückforderung zum Monatsende müssten Sie allerdings in Kauf nehmen.

Dienstwagen bei Urlaub und Krankheit

Grundsätzlich dürfen Sie Ihren Dienstwagen auch während des Urlaubs fahren. Sie dürfen sogar damit in Urlaub fahren. Und auch wenn Sie krank sind, haben Sie Anspruch auf den Dienstwagen, weil er Teil Ihres Entgelts ist. Voraussetzung: Die Firma hat Ihnen die Privatnutzung gestattet. Andernfalls müssen Sie sich auf Dienstfahrten beschränken.

Was aber, wenn der Wagen dringend anderweitig in der Firma gebraucht wird? Dann kann die Firma Ihnen stattdessen eine angemessene Abfindung in bar bezahlen. Sie müssen der geforderten Rückgabe des Fahrzeugs aber nicht zustimmen. Es sei denn, in Ihrem Anstellungsvertrag steht etwas anderes. Dann müssen Sie sich an den Vertrag halten.

Steuerfragen rund um die Zuzahlung zu Dienstwagen

Auch wer einen Dienstwagen vom Arbeitgeber gestellt bekommt, ist mit diesem oder jenem Modell aus diesen oder jenen Gründen nicht unbedingt zufrieden. Der Arbeitgeber seinerseits will die Ausgaben für Dienstwagen aus ebenfalls verständlichen Motiven heraus begrenzen. Die – praktisch – einfachste Lösung: Der Arbeitnehmer zahlt zu und/oder trägt Teile der Treibstoffkosten beziehungsweise der Wartung und Pflege. Vor allem steuerlich ist zwischen diesen beiden Varianten genau zu unterscheiden.

Zuzahlungen zur laufenden Unterhaltung des Dienstwagens sind – und bleiben – steuerlich unbeachtlich, wenn Sie den geldwerten Vorteil der erlaubten Privatnutzung pauschal nach der 1-Prozent-Methode versteuert. Denn mit der 1-Prozent-Regelung soll ja gerade vermieden werden, dass alle Fahrzeugkosten detailliert aufgelistet, gebucht und anteilig

je nach beruflichem oder privatem Nutzungsanteil zugeordnet werden müssen.

Wenn Sie Ihrem Arbeitgeber einen Zuschuss zu den Anschaffungskosten des Dienstwagens bezahlen, können Sie diese Zuzahlung als Werbungskosten in Ihrer Einkommensteuererklärung ansetzen. Und zwar unabhängig davon, ob Sie den geldwerten Vorteil der erlaubten Privatnutzung mittels Fahrtenbuch oder pauschal nach der 1-Prozent-Methode ermitteln und versteuern (BFH, Urteil vom 18.10.2007 – VI R 59/06). Der Grund: Bei einer Zuzahlung zu den Anschaffungskosten entsteht Ihnen als Arbeitnehmer Aufwand, der in Zusammenhang einerseits mit der Erzielung von als Arbeitslohn zu bewertenden geldwerten Vorteilen und anderseits zu beruflich veranlassten Reisen steht. Sie als Arbeitnehmer können damit Ihren Zuschuss als Anschaffungskosten eines Nutzungsrechts behandeln

(§ 9 Abs. 1 Satz 3 Nr. 7, § 7 Abs. 1 EStG) und für dieses Nutzungsrecht Abschreibungen (AfA) geltend machen. Die Abschreibung folgt den bekannten Regeln, die Nutzungsdauer ist zu schätzen. Bei einem Arbeitnehmer geht man meist von einer achtjährigen Gesamtnutzungsdauer des Autos aus. Damit ergibt sich eine lineare jährliche Abschreibungsrate von 12,5 Prozent. Im Betrieb dagegen beträgt die Nutzungsdauer eins Autos nur 5 Jahre. Der Pkw kann also betrieblich mit jährlich 20 Prozent linear abgeschrieben werden.

TIPP **Kurze Nutzungsdauer muss nachgewiesen werden**

Wenn Sie als Arbeitnehmer einen hohen Anschaffungszuschuss geleistet haben und relativ viel beruflich fahren, sind Sie an einer eher kurzen Nutzungsdauer und folglich einem höheren Abschreibungssatz interessiert. Hier genügt es der Finanzverwaltung nicht, dass Sie auf die Dreijahresdiskrepanz hinweisen. Wenn Sie auch als Arbeitnehmer von einer kürzeren als der üblichen achtjährigen Nutzungsdauer profitieren wollen, müssen Sie diesen Wunsch begründen und beispielsweise durch eine hohe Jahres-Kilometerleistung nachweisen können.

■ *Kommunikation von überall nach überall: Diensthandy und Co.*

Auch PCs, Tablets und Telekommunikationsgeräte wie Firmentelefone, Faxgeräte und Mobiltelefone können Teil des Entgelts sein. Die Vorteile aus der privaten Nutzung dieser Geräte gehören – im Gegensatz zum Dienstwagen – nicht zum steuerpflichtigen Arbeitslohn. Sie sind seit 2000 in vollem Umfang steuerfrei, gleichgültig, wo hoch der Privatanteil ist. Einzige Voraussetzung: Es muss sich um betriebliche Geräte handeln, also um Geräte, die Ihr Arbeitgeber angeschafft, gemietet oder geleast hat. Wo die Geräte dann später stehen, spielt keine Rolle.

Von der Steuerfreistellung werden alle Vorteile erfasst, die Ihnen als Arbeitnehmer durch die Nutzung der Computer und Telekommunikationsgeräte entstehen. Dazu gehören nicht nur die anteiligen Aufwendungen für die Anschaffung sowie den Einbau und den Anschluss („Gerätekosten"), sondern auch die Grundgebühren und die Verbindungskosten, die Ihnen durch die Nutzung entstehen. Auch die Gebühren im Rahmen der Internetnutzung werden von der Steuerfreiheit erfasst. Achtung: Die private Nutzung betrieblicher PCs oder Telekommunikationsgeräte muss nicht zusätzlich zum ohnehin geschuldeten Arbeitslohn gewährt werden. Aber auch wenn Barlohn umgewandelt wird, um die betrieblichen Telekommunikationsanlagen privat nutzen zu dürfen, ist dies steuerfrei. Allerdings fallen Sozialversicherungsbeiträge an. Denn der Vorteil aus der Privatnutzung ist nur dann sozialversicherungsfrei, wenn der Arbeitgeber die Privatnutzung neben dem vereinbarten Entgelt duldet oder zulässt.

Die Steuerfreiheit ist jedoch kein Freibrief für Sie, betriebliche PCs oder Telekommunikationsgeräte ohne die Genehmigung Ihres Arbeitgebers privat zu benutzen. Sie müssen auf jeden Fall die diesbezüglichen betrieblichen Anweisungen beachten. Tun Sie das nicht, kann Ihnen gekündigt werden. Ist die private Nutzung der betrieblichen Telekommunikationsanlagen erlaubt, darf der Arbeitgeber nicht kontrollieren, welche Nummern angerufen oder welche Sites im Internet aufgerufen werden. Der Einsatz einer entsprechenden Software ist unzulässig. Allerdings kann er den Zugang zu bestimmten Webseiten sperren lassen (zum Beispiel pornografische Webseiten oder Webseiten von radikalen Gruppierungen). Soll ein Verbot kontrolliert werden, müssen die Kontrollmechanismen entweder mit dem Betriebsrat vereinbart oder einzelvertraglich geregelt werden. Sonst ist die Kontrolle ebenfalls nicht erlaubt und kann – soll der zuwider handelnde Arbeitnehmer abgemahnt oder gekündigt werden – nicht als Grund oder Rechtfertigung seitens des Arbeitgebers herangezogen werden. Achtung: Hat der Arbeitgeber die Privatnutzung verboten, haften Sie als Arbeitnehmer für mögliche Schäden aus der Zuwiderhandlung, wenn Sie beispielsweise Viren einschleppen.

TIPP Regeln gelten auch bei Steuerfreiheit

Sie müssen trotz der Steuerfreiheit die betrieblichen Regeln über die Privatnutzung von Telekommunikationsanlagen beachten. Ist die private Nutzung nicht erlaubt und Sie wollen einen PC oder ein Handy anschaffen, das Sie auch privat nutzen können, besteht die Möglichkeit, Steuern zu sparen, indem Sie gegenüber dem Arbeitgeber auf Barlohn verzichten und dafür von ihm leihweise das entsprechende Gerät erhalten. Vergessen Sie jedoch nicht zu regeln, was damit geschieht, wenn Sie aus der Firma ausscheiden.

▪ Personalrabatte sind schön, aber Sie haben keinen Anspruch darauf

Viele Firmen gewähren ihren Mitarbeitern Preisnachlässe auf ihre Produkte (sogenannte Personalrabatte). Einen Rechtsanspruch darauf haben Sie jedoch nicht, es sei denn, der Personalrabatt ist im Tarifvertrag oder in einer Betriebsvereinbarung allgemein festgelegt.

Meist ist genau geregelt, wer Personalrabatt in welcher Höhe bekommt. Er kann auf bestimmte Gegenstände oder Dienstleistungen begrenzt werden, und auch die Höhe des gewährten Rabatts kann bei einzelnen Waren oder Dienstleistungen variieren. Denn vor allem dann, wenn höherwertige Gegenstände verbilligt an Mitarbeiter abgegeben werden, liegt es im Interesse des Arbeitgebers, die Weitergabe oder den Weiterverkauf an andere Personen zu beschränken. Achtung: Geben Sie den Ihnen eingeräumten Personalrabatt unerlaubterweise an Nachbarn

weiter, kann Ihnen Ihr Arbeitgeber ohne vorherige Abmahnung kündigen. Und zwar auch dann, wenn der entsprechende Betrag nur gering ist und Sie schon seit Jahren im Unternehmen arbeiten. Der Grund: Durch die unerlaubte Weitergabe des Personalrabatts schädigen Sie den Arbeitgeber (LAG Schleswig-Holstein, Urteil vom 18.1.1999 – 4 Sa 209/98).

Erhalten Sie aufgrund Ihres Dienstverhältnisses Waren oder Dienstleistungen verbilligt, die vom Arbeitgeber nicht überwiegend für den Bedarf seiner Arbeitnehmer hergestellt, vertrieben oder erbracht werden, ist dies regelmäßig ein geldwerter Vorteil, der versteuert werden muss. Allerdings erst, wenn der Betrag an erhaltenen Rabatten über dem jährlichen Rabattfreibetrag (§ 8 Abs. 3 EStG) von 1080 Euro liegt (Stand 2012).

Auszeit vom Job: Urlaub, Feiertage und Co.

In Deutschland wird zwischen bezahltem (Erholungs-)Urlaub und nicht bezahlter Freistellung unterschieden. Besondere Freistellungen, wie etwa bei Krankheit von Kindern oder zur Pflege von Angehörigen, können bezahlt werden, häufig aber werden sie unbezahlt gewährt. Welche Feiertage arbeitsfrei sind, richtet sich nach dem Land, in dem Sie Ihre Arbeit verrichten. „Land" kann dabei eine Nation, wie Frankreich, Indien oder Japan sein, aber auch ein Bundesland.

■ Bezahlter Urlaub ist zum Erholen da!

Der üblicherweise bezahlte Urlaub ist ein sogenannter Erholungsurlaub. Er ist im Bundesurlaubsgesetz geregelt. Derzeit beträgt der gesetzliche Mindesturlaub 24 Werktage. Die in den Tarifverträgen geregelten Urlaube sind meist länger und beziehen sich in der Regel auf Arbeitstage (Werktage, an denen tatsächlich gearbeitet wird).

Urlaub wird definiert als die Befreiung des Arbeitnehmers von seiner vertraglichen Arbeitspflicht während einer bestimmten Anzahl von Arbeitstagen durch den Arbeitgeber. Während dieser Zeit muss der Arbeitgeber das Entgelt des Arbeitnehmers weiter bezahlen. Viele Unternehmen zahlen ihren Mitarbeitern zusätzlich neben dem „normalen" Entgelt ein Urlaubsgeld. Dieser Entgeltbestandteil ist in voller Höhe lohnsteuer- und sozialversicherungspflichtig.

Der Anspruch auf Erholungsurlaub entsteht ratierlich. Das heißt: Mit jedem Tag, jeder Woche oder jedem Monat, den Sie arbeiten, „verdienen" Sie sich den anteiligen Urlaub.

TIPP Auch Mini-Jobber sind Arbeitnehmer
Viele Arbeitgeber übersehen gern und häufig, dass auch Mini-Jobber „ganz normale" Arbeitnehmer sind. Das heißt: Auch als Mini-Jobber haben Sie Anspruch auf bezahlten Urlaub. Ihr Urlaubsanspruch entsteht ebenfalls ratierlich.

Oft aber wird – durch Arbeitsvertrag oder Betriebsvereinbarung – in der ersten Zeit des Arbeitsverhältnisses eine „Urlaubssperre" vereinbart. Trotzdem haben Sie Anspruch auf diesen Urlaub, den Sie nicht nehmen durften. Er darf während des laufenden Arbeitsverhältnisses nicht finanziell abgegolten werden (siehe Seite 79).

Grundsätzlich sind Sie frei in der Wahl Ihrer Urlaubszeit. Allerdings gehen Betriebsferien den Urlaubswünschen des Arbeitnehmers vor. Das heißt, Sie müssen Urlaub nehmen, wenn der Betrieb Ferien macht. Dabei kann – wenn Ihr Unternehmen keinen Betriebsrat hat – der Unternehmer den Zeitraum für die Betriebsferien einseitig festlegen.

Wenn Sie Urlaub zur Unzeit wollen, dann kann Ihnen der Arbeitgeber den Urlaub verweigern. Aber er muss Ihnen dafür gute und nachvollziehbare Gründe nennen. Tut er das nicht, können Sie das Arbeitsgericht anrufen. Sie dürfen jedoch nicht eigenmächtig Ihren Urlaub einfach so antreten. Sonst riskieren Sie eine Kündigung.

■ Das Urlaubsentgelt

Für die Dauer des Erholungsurlaubs ist die Vergütung (Urlaubsentgelt) fortzuzahlen (§ 1 Bundesurlaubsgesetz/BUrlG, § 611 BGB). Das Urlaubsentgelt ist vor Antritt des Urlaubs fällig (§ 11 Abs. 2 BUrlG). Die in der Praxis übliche Zahlung mit der monatlichen Vergütung ist nach dieser Vorschrift unzulässig, denn von dieser Vorschrift darf nur durch Tarifvertrag abgewichen werden. Ihr Arbeitgeber kann aber mit Ihnen vereinbaren, dass mit den monatlichen Bezügen ein Vorschuss auf das Urlaubsentgelt zu zahlen ist (BAG, Urteil vom 8.12.1998 – 9 AZR 623/97).

Erhalten Sie ein monatlich festes Entgelt, bekommen Sie vom Arbeitgeber ganz einfach das vereinbarte Entgelt weiter, obwohl Sie nicht arbeiten. Schwankt Ihr Einkommen dagegen, muss Ihr Arbeitgeber rechnen – und Sie müssen nachrechnen. Denn dann bestimmt sich das Urlaubsentgelt aus dem Verdienst der letzten 13 Wochen. Wenn Sie in einer Fünf-Tage-Woche arbeiten, teilen Sie den Arbeitsverdienst der letzten 13 Wochen durch 65 (13 Wochen x 5 Arbeitstage). Das Ergebnis multiplizieren Sie mit der Anzahl der abzurechnenden Urlaubstage. Arbeiten Sie in einer Sechs-Tage-Woche, teilen Sie den Arbeitsverdienst der letzten 13 Wochen durch 78 (13 Wochen x 6 Arbeitstage) und multiplizieren den so errechneten Tagesdurchschnittsverdienst mit der Anzahl der abzurechnenden Urlaubstage.

Sind Sie nicht an allen Wochentagen beschäftigt, erhalten Sie den Durchschnittsverdienst lediglich für die Tage oder Stunden, an denen Sie gearbeitet hätten (BAG, Urteil vom 2.10.1987 – 8 AZR 166/86). Wenn Sie in einem Freischichtmodell arbeiten, bleiben die in den Berechnungszeitraum fallenden Freischichttage unberücksichtigt.

Bei der Berechnung des durchschnittlichen Verdienstes der letzten 13 Wochen sind zu berücksichtigen:

- Das nach Stunden oder Monaten bemessene fixe Grundentgelt

- Akkordlohn

- Alle Zulagen, die keinen Aufwand ersetzen, der nur bei Arbeitsleistung anfällt, zum Beispiel Schicht-, Gefahren-, Schmutz- und Bereitschaftsdienstzulagen

- Das Entgelt für bezahlte Pausen

- Zuschläge für Sonn- und Feiertagsarbeit

- Provisionen mit Ausnahme von Bezirksprovisionen, Umsatzprovisionen, die auch im Urlaub weitergezahlt werden und Provisionen, die für das gesamte Jahr gezahlt werden

- Verdiensterhöhungen, sofern sie nicht nur vorübergehender Natur sind

- Vereinbarte Bedienungsprozente

- Leistungsprämien

- Sachbezüge

Nicht zu berücksichtigen sind:

- Überstundenvergütung

- Aufwandsentschädigung

- Spesen

- Trinkgelder

- Weihnachtsgelder, Gratifikationen

- 13. Monatsgehalt

- Urlaubsgeld

- Tantiemen

- Gewinnbeteiligung

- Jubiläumsgelder

- Verdienstkürzungen im Berechnungszeitraum

- Vermögenswirksame Leistungen

■ Urlaub muss im laufenden Jahr genommen werden

Sie müssen Ihren Urlaub im laufenden Jahr nehmen. Aus der Sicht des Arbeitgebers heißt das: Er muss Ihnen den Urlaub im laufenden Jahr gewähren. Wird er nicht genommen, verfällt der Urlaub am 31.12. eines jeden Jahres. Nur wenn dringende betriebliche Gründe vonseiten des Arbeitgebers oder persönliche Gründe von Ihrer Seite eine Übertragung rechtfertigen, kann der Urlaub ins nächste Jahr übertragen werden (§7 Abs. 3 Bundesurlaubsgesetz/BUrlG). Aber auch dann können Sie keine Urlaubstage für den Sommer hamstern. Sie müssen den Urlaub in den ersten 3 Monaten des neuen Jahres nehmen oder zumindest angetreten haben. Hier gibt es unterschiedliche Regelungen und die Arbeitgeber sind unterschiedlich kulant.

Was passiert, wenn Sie innerhalb des ersten Quartals den Resturlaub auch nicht nehmen können, weil Ihnen der Arbeitgeber den Urlaub in dieser Zeit nicht gewährt? Dann haben Sie Anspruch auf Ersatzurlaub, und zwar auch nach der Drei-Monats-Frist. Können Sie wegen Krankheit den Urlaub nicht im Übertragungszeitraum nehmen, darf er nicht mehr verfallen (EuGH, Urteil vom 20.1.2009 – C-350/ 06). Auch das Bundesarbeitsgericht (BAG, Urteil vom 24.3.2009- 9 AZR 983/07) hat seine frühere Rechtsprechung in diesem Sinn korrigiert. Zwischenfazit: Wenn Sie krank sind und den Resturlaub deswegen nicht oder nicht ganz nehmen können, bleibt der Urlaubsanspruch erhalten.

Wenn Sie Ihren Erholungsurlaub vor dem Beginn der Elternzeit nicht komplett nehmen konnten, muss Ihr Arbeitgeber Ihnen den Resturlaub nach Ende der Elternzeit im laufenden oder nächsten Urlaubsjahr gewähren (§ 17 Abs. 2 BEEG). Der Erholungsurlaub erlischt also nicht zum Jahresende oder zum 31.3. des Folgejahrs. Das gilt auch dann, wenn auf die erste Elternzeit unmittelbar eine zweite folgt.

TIPP **Anspruch auf Schadensersatz**

Wenn Ihr Arbeitgeber Ihren Urlaub, den Sie konkret und pünktlich (üblicherweise bis zum 31.12. des laufenden Jahres) beantragt haben, aus betrieblichen Gründen nicht gewährt, dann muss er Ihnen den Urlaub, der dadurch verfällt (meist am 31.3. des Folgejahres), finanziell abgelten (BAG, Urteil vom 18.3.1997 – 9 AZR 794/95). Sie können aber natürlich – wenn Ihnen das lieber ist – mit dem Arbeitgeber auch vereinbaren, dass Sie im folgenden Jahr Anspruch auf neue bezahlte Freistellung von der Arbeit haben.

■ Den Urlaub beantragen

Nicht bei jedem sind die Urlaube schon zu Jahresbeginn „in Stein gemeißelt". Klar ist auch, dass Ihr Arbeitgeber daran interessiert ist, dass der Betrieb während der Haupturlaubszeit geregelt weiterläuft. Viele Firmen geben bereits Anfang des Jahres Urlaubslisten herum, in die sich jeder einträgt. So sollen Unterbesetzungen vermieden werden. Die Frage, die sich automatisch anschließt, ist natürlich: Was passiert in Kollisionsfällen? Der Arbeitgeber muss bei der Gewährung Ihres Urlaubs Ihre zeitlichen Wünsche berücksichtigen. Zwei Ausnahmen gibt es von dieser Grundregel: Erstens, Ihrem Urlaubswunsch stehen „dringende betriebliche Belange" entgegen. Betriebliche Gründe können personelle Engpässe in Saisonzeiten, Inventuren oder ein plötzlicher Auftragsboom sein. Oder zweitens, Ihr Urlaubswunsch kollidiert mit dem eines oder mehrerer Ihrer Kollegen. Dann muss der Arbeitgeber nach sozialen Gesichtspunkten entscheiden. Ein einfacher Fall: Der Urlaubswunsch des ledigen, erst seit wenigen Monaten Beschäftigten wird den eines Familienvaters mit schulpflichtigen Kindern, der schon seit vielen Jahren in der Firma ist, bestimmt nicht „ausstechen". Was aber, wenn zwei langjährige Mitarbeiter mit schulpflichtigen Kindern zur gleichen Zeit Urlaub haben wollen? Die meisten Arbeitgeber setzen da – vernünftigerweise – auf die Kollegialität ihrer Mitarbeiter und eine friedliche Einigung. Wenn nicht, muss der Arbeitgeber entscheiden, wer wann in Urlaub geht. Aber auch Sie können Ihren Urlaubstermin nicht beliebig ändern. Wenn Sie den Urlaub beantragt haben, können Sie den geplanten Urlaub nur dann nachträglich ändern, wenn bei Ihnen dringende persönliche Gründe vorliegen, z.B. dass ein Angehöriger stirbt oder schwer krank wird.

TIPP Die Entscheidung

Sie haben Anspruch darauf, dass Ihr Arbeitgeber zügig über Ihren Urlaubsantrag entscheidet. Was „zügig" bedeutet, kann Ihnen allerdings keiner so genau sagen. Bei vielen Firmen wird deshalb beim Ausfüllen der Urlaubslisten eine Frist gesetzt und nach dem Motto „Wer zuerst kommt, mahlt zuerst" gehandelt. Ist dies in Ihrer Firma nicht der Fall und haben Sie einen Chef, der es mit der Kommunikation nicht „so hat", sollten Sie ihn – am besten nachweislich – regelmäßig an Ihren Urlaubswunsch erinnern. Machen Sie dabei deutlich, dass Sie eine schnelle Entscheidung benötigen, etwa weil Sie Flüge oder Hotels buchen müssen, weil Ihre Kinder dann Ferien haben …

In eine absolut gefährliche Kündigungs-falle tappen wütende Arbeitnehmer. Wenn Ihnen Ihr Arbeitgeber keinen Urlaub er-teilt, dürfen Sie weder aus Frust noch aus Rache Ihren Urlaub eigenmächtig antre-ten. Sie dürfen sich nicht selbst beurlau-ben. Im Notfall, wenn beispielsweise die Kommunikation zwischen Ihnen und Ihrem Vorgesetzten eingefroren ist, müs-sen Sie beim Arbeitsgericht auf Urlaubs-erteilung klagen. Hier erhalten Sie meist eine schnelle Entscheidung in Form einer einstweiligen Verfügung. Ihnen sollte aber klar sein, dass Sie sich mit einer solchen Aktion nicht unbedingt Freunde unter Ihren Kollegen und Vorgesetzten schaffen. Sie können sich auch nicht einfach krank melden und dann dennoch in Urlaub fahren. Das geht nicht einmal dann, wenn Sie es als reine Schikane seitens Ihres Vorgesetzten ansehen, dass er Ihnen den Urlaub nicht genehmigt hat.

Achtung: Gehen Sie eigenmächtig in Urlaub, berechtigt das Ihren Arbeitgeber, Sie fristlos zu feuern.

■ Störungen im Urlaub

Sie haben grundsätzlich Anspruch darauf, dass Ihnen Ihr Urlaub zusammenhän-gend gewährt wird, es sei denn, es spre-chen dringende betriebliche oder persön-liche Gründe (von Ihrer Seite) dagegen. Es gilt: Ein Urlaubsteil im Jahr muss mindestens 12 aufeinanderfolgende Werktage umfassen.

Weiterhin haben Sie Anspruch darauf, Ihren Erholungsurlaub ungestört zu ver-bringen. Denn sonst wäre „Erholung" wohl der falsche Begriff, wenn Sie Ihren Arbeitsort einfach nur vom Schreibtisch an den Strand oder auf die Alm verlegen. Es ist zu einer Unsitte geworden, immer und überall erreichbar zu sein und auch erreichbar sein zu wollen. Wenn Sie eine Schlüsselposition in Ihrem Unternehmen haben, dann ist es legitim, dass Ihr Arbeit-geber von Ihnen wissen will, wann er Sie wie im Notfall (!) erreichen kann. Bei einer guten Urlaubsvorbereitung, einer geordneten Vertretungsregelung, einer guter Kommunikation und einem guten Qualitätsmanagement im Unternehmen ist das im Normalfall aber nicht nötig.

Ihr Arbeitgeber muss es Ihnen als seinem Arbeitnehmer uneingeschränkt ermöglichen, die Freizeit, die Ihnen als Urlaub zusteht, so zu nutzen, wie Sie es wollen. Selbst wenn Sie im Arbeitsvertrag unterschrieben haben, dass Ihr Arbeitgeber Sie jederzeit aus dem Urlaub an den Arbeitsplatz zurückbeordern kann, darf er das nicht. Eine solche Regelung ist unwirksam (BAG, Urteil vom 20.6. 2000 – 9 AZR 404/99 und 9 AZR 405/99) weil sie gegen § 13 BUrlG verstößt. Ihr Arbeitgeber muss sich also entscheiden: Gewährt er Ihnen Urlaub oder nicht. Hat er Ihnen Urlaub gewährt, hat er Sie für diese Zeit von der Arbeit freigestellt und darf Sie nicht zur Arbeit zurückrufen. Haben Sie Ihren Urlaub also erst einmal angetreten, kann daran nicht gerüttelt werden – es sei denn, Sie lassen es zu.

Was aber ist, wenn Sie Ihren Urlaub noch nicht angetreten haben? Dann kann der Arbeitgeber den zugesagten Urlaub widerrufen. Aber auch nur dann, wenn dringende betriebliche Geschehnisse dies erfordern. „Einfach nur so" kann er seine Urlaubszusage nicht rückgängig machen.

■ Krank im Urlaub

Nach deutschem Recht gilt: Wer im Urlaub arbeitsunfähig krank wird, dem werden diese Tage nicht als Urlaub angerechnet. Natürlich müssen Sie auch hier den Nachweis der Krankheit erbringen. Und zwar auch dann, wenn der Urlaub im Ausland verbracht wurde. Sie können Ihren Urlaub aber nicht eigenmächtig einfach um die Krankheitstage verlängern. Sie müssen vielmehr nach dem regulären Urlaubsende wieder zur Arbeit erscheinen (sofern Sie wieder gesund sind) und dann erneut einen Urlaubsantrag stellen.

Wichtig: Der Arbeitgeber darf Ihnen Krankheitstage nicht auf den Urlaub anrechnen. Auch solche Kuraufenthalte, für die der Arbeitgeber das Entgelt fortbezahlen muss, dürfen nicht auf Ihren Urlaub angerechnet werden.

■ Abgelten von Urlaub

Der Arbeitgeber darf Ihnen den Resturlaub nur dann finanziell abgelten, wenn das Arbeitsverhältnis endet und Sie den Urlaub entweder aus betrieblichen (weil „die Hütte brennt") oder zeitlichen Gründen (weil Sie so viel Resturlaub haben, dass noch nicht einmal die Kündigungsfrist ausreicht) nicht mehr nehmen können. In einem bestehenden Arbeitsverhältnis ist das nicht zulässig. Allerdings kann eine Betriebsvereinbarung oder ein Tarifvertrag vorsehen, dass Urlaub, der sonst erlöschen würde, abzugelten ist.

TIPP Unerlaubte Abgeltung

Hat Ihr Arbeitgeber Ihren Urlaub unerlaubt abgegolten, bleibt Ihr Urlaubsanspruch dennoch bestehen. Das gilt selbst dann, wenn Sie mit der Abgeltung einverstanden waren. Das heißt: Wenn Sie es sich anders überlegen, haben Sie das Geld und können dennoch Ihren Urlaub in „Naturalien" nehmen.

Mit der Urlaubsabgeltung sind Sie als Arbeitnehmer so zu stellen, als hätten Sie Ihren Urlaub während des Arbeitsverhältnisses genommen. Der Arbeitgeber muss die Abgeltung also genauso berechnen wie das Urlaubsentgelt (siehe Seite 73 f.). Auch wenn Sie lange krank waren, deshalb nicht arbeiten konnten und aus dem Arbeitsverhältnis ausscheiden, haben Sie Anspruch auf Urlaubsabgeltung (Europäischer Gerichtshof/EuGH, Urteil vom 20.1.2009 – C-350/06). Der Urlaubsanspruch verfällt nicht.

Wichtig: Das Bundesarbeitsgericht (BAG, Urteil vom 19.6.2012 – 9 AZR 652/10) hat die „Surrogatstheorie" aufgegeben. Das sagt Ihnen nichts? Die Theorie vielleicht nicht, aber die Praxis: Noch bis vor Kurzem galt, dass der Arbeitnehmer die Abgeltung seines Urlaubs bis zum Ende des Kalenderjahrs beziehungsweise des Übertragungszeitraums verlangen musste, da der Urlaub sonst erlöschen würde. Das gilt nicht mehr! Der gesetzliche Urlaubsabgeltungsanspruch ist ein reiner Geldanspruch und verjährt folglich wie ein Geldanspruch. Auf jeden Fall unterliegt der Abgeltungsanspruch nicht den Fristen des Bundesurlaubsgesetzes – und zwar unabhängig davon, ob Sie als Arbeitnehmer arbeitsfähig oder -unfähig waren. Sie können also verlangen, dass Ihr Resturlaubsanspruch, den Sie nicht mehr nehmen können, weil das Arbeitsverhältnis früher endet, auch über das Jahresende hinaus und auch über das erste Quartal des Folgejahres hinaus, in Geld abgegolten wird.

■ Sonderurlaub und Freistellung

Sonderurlaub ist – wie das Wort bereits nahelegt – ein besonderer Urlaub, also eine Freistellung von der Arbeit außerhalb des „normalen" Erholungsurlaubs. Beispiele für Sonderurlaub sind der unbezahlte Urlaub, ein Treue-, Bildungs- oder Erziehungsurlaub.

Sonderurlaube werden einvernehmlich zwischen Ihnen als urlaubssuchendem Mitarbeiter und Ihrem Arbeitgeber getroffen. Das kann von vornherein im Arbeitsvertrag geschehen oder auch unmittelbar in der jeweiligen Situation. Ein zusätzliches Urlaubsgeld für den Sonderurlaub gibt es jedoch fast nirgends. Wichtig: Sie haben keinen Anspruch darauf, dass Ihnen der Arbeitgeber Sonderurlaub gewährt. Und er ist auch in aller Regel nicht verpflichtet, Ihnen für die Zeit des Sonderurlaubs Ihr Entgelt

weiter zu bezahlen. Das heißt dann auch, dass Sie keinen Anspruch auf Lohnfortzahlung im Krankheitsfall haben, wenn Sie vor oder während des vereinbarten Sonderurlaubs krank werden.

Beispiele für solche Sonderurlaube sind: eine länger dauernde Weltreise, ein längerer Auslandsaufenthalt zur Aneignung von Sprachkenntnissen oder ein längerer Aufenthalt eines ausländischen Arbeitnehmers in seiner Heimat, Kindererziehung außerhalb des Bundeserziehungsgeldgesetzes, Freistellung zur Pflege von Angehörigen oder das Ableisten des Wehrdiensts von ausländischen Arbeitnehmern, die zwar in Deutschland leben, aber ausschließlich eine andere Staatsangehörigkeit besitzen, sowie die Freistellung wegen eines Vorstellungsgesprächs.

■ Bildungsurlaub ja oder nein?

Ihr Arbeitgeber muss Ihnen den beantragten Bildungsurlaub nur dann gewähren und auch Ihr Entgelt weiterzahlen, wenn die Veranstaltung nach dem in Ihrem Bundesland geltenden Gesetz geeignet ist, die vom Bildungsurlaubsgesetz vorgesehenen Zwecke zu erfüllen. Aber nicht in allen Bundesländern gibt es Bildungsurlaub. Der Grund: Im Bereich der Arbeitnehmerweiterbildung greift die konkurrierende Gesetzgebung. Das heißt, wenn es eine bundesgesetzliche Regelung gäbe, würde sie gelten. Da der Bund hier aber bislang untätig geblieben ist, kann jedes Bundesland diesen Bereich so regeln, wie es möchte. Und hier gibt es in der Tat sehr große Unterschiede. Ausschlaggebend ist hierbei der Sitz Ihres Arbeitgebers.

Achtung: Beantragen Sie den Besuch einer Weiterbildungsveranstaltung, für die Sie eigentlich Anspruch auf Lohnfortzahlung nach dem Arbeitnehmerweiterbildungsgesetz hätten, zu spät bei Ihrem Arbeitgeber, haben Sie den Anspruch verspielt. Der Antrag muss mindestens 4 Wochen vor Beginn der entsprechenden

Weiterbildungsveranstaltung gestellt werden (BAG, Urteil vom 9.11.1999 – 9 AZR 917/98).

Was als Bildungsurlaub anerkannt wird oder nicht, ist äußerst strittig – die Urteile darüber füllen Bände! Als berufliche Weiterbildung anerkannt wurde ein Sprachkurs „Italienisch für Anfänger" einer Krankenschwester, die auch italienische Patienten betreute (BAG, Urteil vom 15.6.1993 – 9 AZR 261/90). Die Bildungsveranstaltung „Ökologische Wattenmeerexkursion" wurde als politische Weiterbildung nach dem Arbeitnehmerweiterbildungsgesetz in Nordrhein-Westfalen anerkannt (BAG, Urteil vom 24.8.1993 – 9 AZR 240/90). Laut dem Landesarbeitsgericht Düsseldorf (Urteil vom 30.11.1993 – 16[13] Sa 608/93) ist eine fünftägige Bildungsveranstaltung im Allgäu mit dem Thema „Der Berg ruft nicht mehr – er kommt! Sanfter (Alpen-) Tourismus als Chance für eine bedrohte Region" eine politische Weiterbildung im Sinne des nordrhein-westfälischen Arbeitnehmerweiterbildungsgesetzes. Eine

Bildungsveranstaltung zur Stresserkennung und -bewältigung, die über ein Fitness- und Gesundheitstraining hinausgeht, kann der beruflichen Arbeitnehmerweiterbildung dienen, wenn damit Stress- und Konfliktsituationen besser bewältigt werden können und dadurch zum Beispiel die Fehlerquote verringert wird (BAG, Urteil vom 24.10.1995 – 9 AZR 244/94). Die Veranstaltung „Büroarbeit unter den Bedingungen automatisierter Datenverarbeitung am Beispiel von ‚Word für Windows' und ‚Excel"" wurde für einen Gärtnermeister als Bildungsurlaub anerkannt (Hessisches LAG, Urteil vom 18.3.1997 – 15 S a 1445/96). Ein Sprachkurs „Spanischintensiv" ist für eine Journalistin, die mit der Öffentlichkeitsarbeit eines städtischen Presse- und Informationsamts betraut ist, berufliche Weiterbildung, wenn die Stadt auch regelmäßig kulturelle Veranstaltungen durchführt, an der sich die Bevölkerung spanischer Herkunft beteiligt, oder die sich mit dem spanischen Sprachraum, insbesondere auch mit Lateinamerika, befassen (BAG, Urteil vom 21.10.1997 – 9 AZR 510/96). Dagegen wurde Bildungsurlaub nicht anerkannt bei einer Kinderkrankenschwester aus Nordrhein-Westfalen, die sich auf einer Veranstaltung mit dem Titel „Rund um den ökologischen Alltag" weiterbilden wollte (BAG, Urteil vom 15.6.1993 – 9 AZR 411/89). Auch die Studientagung „Architektur, Städtebau und aktuelle Situation in den neuen Bundesländern" dient nicht der politischen Weiterbildung im Sinne des Arbeitnehmerweiterbildungsgesetzes Nordrhein-Westfalen (BAG, Urteil vom 24.10.1995 – 9 AZR 431/94).

■ Elternzeit: die gesetzlich geregelte Ausnahme

Jeder Elternteil hat Anspruch auf Elternzeit. In diesem „Sonderurlaub" sollen Eltern ihre Kinder bis zu deren drittem Lebensjahr betreuen und erziehen können. Als Arbeitnehmer haben Sie gegenüber Ihrem Arbeitgeber Anspruch auf Elternzeit. In dieser Zeit bleibt das Arbeitsverhältnis bestehen. Aber die Hauptpflichten ruhen. Das heißt: Sie müssen in dieser Zeit nicht für Ihren Arbeitgeber arbeiten, und er muss Ihnen in dieser Zeit kein Entgelt bezahlen. Wenn die Elternzeit um ist, haben Sie Anspruch auf Rückkehr an den ursprünglichen Arbeitsplatz. Wenn dieser „schon besetzt" ist, haben Sie Anspruch auf einen Arbeitsplatz, der dem vorherigen gleichwertig ist.

Die Elternzeit muss übrigens nicht einzeln oder nacheinander genommen werden. Wenn Sie es sich leisten können oder wollen, können auch beide Elternteile gleichzeitig bis zu drei Jahre Elternzeit in Anspruch nehmen.

Stimmt Ihr Arbeitgeber zu, können Sie bis zu 12 Monate der Elternzeit auf später verschieben. „Später" ist in diesem Fall die Zeit zwischen dem 3. und dem 8. Lebensjahr Ihres Kindes. So können Sie sich zum Beispiel 6 Monate für die Einschulung aufsparen und „frei" nehmen, wenn für Ihr Kind der sogenannte Ernst des Lebens beginnt.

Achtung: Sie müssen Ihre Elternzeit spätestens 7 Wochen vorher anmelden. Wenn Sie also beispielsweise am Mittwoch, den 5. Dezember 2012 in Elternzeit gehen wollen, müssen Sie die Elternzeit beim Ihrem Arbeitgeber spätestens am Dienstag, den 23. Oktober 2012 anmelden. Auch müssen Sie bei der Anmeldung die kommenden 2 Jahre der Elternzeit festlegen. Sind Sie die Mutter des Kindes und nehmen Sie die Elternzeit direkt nach dem Ende des Mutterschutzes, brauchen Sie sich nur für die Zeit festzulegen, bis Ihr Kind 2 Jahre alt ist. Dasselbe gilt, wenn Sie am Ende des Mutterschutzes noch Urlaub genommen haben.

TIPP Arbeiten während der Elternzeit

Während der Elternzeit können Sie Teilzeit arbeiten, und zwar bis zu 30 Wochenstunden. Bei gleichzeitiger Elternzeit können beide Eltern 30 Stunden arbeiten, insgesamt also 60 Wochenstunden.

Wer in einem Unternehmen mit mehr als 15 Beschäftigten arbeitet, kann verlangen, dass er für mindestens zwei Monate zwischen 15 und 30 Stunden Teilzeit arbeitet. Diesen Anspruch hat der Arbeitnehmer für mindestens 2 Monate. Es können auch mehr sein.

Voraussetzung ist, dass keine dringenden betrieblichen Gründe der Teilzeitarbeit entgegenstehen. Außerdem muss das Arbeitsverhältnis mindestens 6 Monate bestanden haben. Wenn Sie in einem Unternehmen arbeiten, das „nur" 15 Mitarbeiter oder weniger hat, müssen Sie sich mit dem Arbeitgeber über die Teilzeit einigen. Wenn Sie sich nicht einigen, können Sie während der Gesamtdauer der Elternzeit zweimal eine Verringerung Ihrer Arbeitszeit beanspruchen (§ 15 Abs. 6 Bundeselterngeld- und Elternzeitgesetz/BEEG). Sie können aber auch die für die Elternzeit vereinbarte Teilzeitarbeit voll und ganz kündigen (ArbG Frankfurt a.M., Urteil vom 24.4.2006 – 1 Ca 815/06). Die Elternzeit wird dadurch nicht beendet. Nach der Elternzeit haben Sie das Recht, wieder so zu arbeiten, wie Sie es vor der Elternzeit getan haben.

Vor und während der Elternzeit genießen Sie Kündigungsschutz. Der Arbeitgeber kann Ihnen nur in Ausnahmefällen kündigen, insbesondere bei Kleinstbetrieben sind solche Ausnahmen möglich. „Vor der Elternzeit" bedeutet ab dem Zeitpunkt, ab dem Sie die Elternzeit angemeldet haben, frühestens jedoch 8 Wochen vor Beginn der Elternzeit. Zum Ende der Elternzeit können Sie Ihr Arbeitsverhältnis mit einer Frist von 3 Monaten kündigen. Wenn Ihre Elternzeit beispielsweise am 20. Dezember 2012 endet, müssen Sie spätestens am 19. September 2012 Ihr Arbeitsverhältnis kündigen.

■ Leben in der Elternzeit mit Elterngeld und Teilzeit-Job

Wer Elternzeit in Anspruch nimmt, hat Anspruch auf Elterngeld. Das sind alle Eltern, die mit ihrem Kind in einem Haushalt leben, dieses Kind selbst betreuen und keine oder keine volle Erwerbstätigkeit ausüben (§ 1 BEEG). Weitere Voraussetzung: Sie müssen einen Wohnsitz oder ihren gewöhnlichen Aufenthalt in Deutschland haben. Ehe- oder Lebenspartnerinnen und -partner, die das Kind nach der Geburt betreuen – auch wenn es nicht ihr eigenes ist –, können unter denselben Voraussetzungen Elterngeld erhalten. Für angenommene und mit dem Ziel der Annahme aufgenommene Kinder gibt es ebenfalls Elterngeld für die Dauer von bis zu 14 Monaten. Anspruchsberechtigt sind vorrangig die leiblichen Eltern des Kindes. Dabei kommt es nicht darauf an, ob die leiblichen Eltern miteinander verheiratet sind oder nicht. Auch wenn beispielsweise die Mutter des Kindes mit einem Lebensgefährten, der nicht der Vater des Kindes ist, in einem Haushalt lebt, steht dies der Inanspruchnahme der Partnermonate nicht entgegen. Anspruch auf Elterngeld hat auch, wer ein Kind des Ehe- oder Lebenspartners in seinen Haushalt aufgenommen hat. Dazu bedarf es allerdings der Zustimmung des sorgeberechtigten Elternteils.

Der Anspruch auf Elterngeld besteht für 12 Monate, wenn Sie Ihre berufliche Tätigkeit in dieser Zeit auf höchstens 30 Stunden in der Woche einschränken. Sie können mit Ihrem Partner zusammen auf 14 Monate verlängern. Dazu muss der Partner aber mindestens zwei Monate lang das Kind betreuen und dafür beruflich kürzertreten. Wie Sie und Ihr Partner diese 14 Monate aufteilen, ist ohne Belang. Ob Sie Ihr Kind also im Maßstab 12 zu 2, 8 zu 6, 7 zu 7 oder gar jeden Monat abwechselnd betreuen, ist für Ihren Anspruch auf Elterngeld unerheblich. Alleinerziehende mit alleinigem Sor- gerecht haben grundsätzlich 14 Monate lang Anspruch auf Elterngeld. Gut zu wissen: Wer lediglich die Hälfte des ihm monatlich zustehenden

Elterngeldes beansprucht, kann 24 beziehungsweise 28 Monate Elterngeld beziehen. Wenn beide Elternteile gleichzeitig Elterngeld beziehen wollen, reduziert sich der Zeitraum auf insgesamt 7 Monate. In beiden Fällen ergeben sich keine finanziellen Vor- oder Nachteile.

Die Höhe des Elterngelds hängt davon ab, wie viel Sie in den letzten 12 Monaten vor der Geburt des Kindes durchschnittlich netto verdient haben, und zwar „bereinigt" um Sonderleistungen wie etwa Weihnachts- oder Urlaubsgeld. Maximal erhalten Sie monatlich 1800 Euro Elterngeld, was ab einem Nettoeinkommen von 2700 Euro als erreicht gilt (§ 2 Abs. 3 Satz 2 BEEG). Denn grundsätzlich erhalten Sie 67 Prozent, also rund 2/3 des bereinigten Nettoeinkommens als Elterngeld. Aber: Bei einem durchschnittlich erzielten monatlichen Nettoeinkommen von mehr als 1200 Euro wird das Elterngeld in Stufen von 67 Prozent auf bis zu 65 Prozent gekürzt, und zwar um 0,1 Prozentpunkte für je 2 Euro, um die das maßgebliche Einkommen den Betrag von 1200 Euro überschreitet (§ 2 Abs. 2 BEEG). Das heißt: Wenn Sie vor der Elternzeit bereinigt 1220 Euro verdient haben, beläuft sich Ihr Anspruch auf 66 Prozent „Ersatz". Beträgt das maßgebliche frühere Einkommen ab 1240 Euro, erhalten Sie 65 Prozent. Auch für Nettoeinkommen zwischen 1240 und 2700 Euro gibt es 65 Prozent – eben bis höchstens 1800 Euro.

Das maßgebende bereinigte monatliche Nettoeinkommen aus nichtselbstständiger Arbeit wird wie folgt berechnet:

Brutto-Einkommen

./. Einmalzahlungen (Weihnachtsgeld, Urlaubsgeld etc.)

= Bereinigtes Brutto-Einkommen

./. gezahlte Lohnsteuer

./. gezahlter Solidaritätszuschlag

./. gezahlte Kirchensteuer

./. gezahlte Pflichtbeiträge zur Sozialversicherung

./. gezahlte Beiträge zur Arbeitsförderung

= Bereinigtes Netto-Einkommen

./. 83,33 Euro Werbungskosten-Pauschbetrag (1000 Euro : 12 voraussichtlich ab 1.1.2011, davor 920 Euro : 12)

= Netto-Einkommen aus nicht selbständiger Arbeit nach dem Elterngeldgesetz

Maßgebend sind die letzten 12 Monate vor der Geburt des Kindes. Ist das Kind also beispielsweise am 1. August 2012 auf die Welt gekommen, wäre das bereinigt berechnete Nettoeinkommen der

Monate August 2011 bis Juli 2012 für die Höhe des Elterngeldes entscheidend. Kalendermonate, in denen Elterngeld für ein (älteres) Kind oder Mutterschaftsgeld bezogen wurde, sowie Monate, in denen wegen einer schwangerschaftsbedingten Krankheit kein oder nur ein geringeres Einkommen erzielt wurde, werden nicht beim Bemessungszeitraum (12 Monate) berücksichtigt. Sie werden durch Monate, die weiter in der Vergangenheit liegen, ersetzt. Das gilt auch für Väter, die Wehr- oder Zivildienst leisten und noch während ihrer Dienstzeit oder innerhalb von 12 Monaten danach Elterngeld beantragen (§ 2 Abs. 7 Satz 7 BEEG). Achtung: Für Kinder, die ab dem 1.1.2013 geboren werden, werden die letzten 14 Monate vor der Geburt zugrunde gelegt. Die Abzüge werden mit insgesamt 21 Prozent pauschaliert.

Während der Elternzeit kann Teilzeit, bis zu 30 Stunden wöchentlich im monatlichen Durchschnitt, gearbeitet werden, ohne dadurch den Anspruch auf Elterngeld zu gefährden. Allerdings wird das Einkommen aus dieser Tätigkeit in die Berechnung des Elterngeldes mit einbezogen. Diejenigen, die – selbst wenn sie alle anderen Bedingungen erfüllen – nach der Geburt während der möglichen „Elterngeldbezugszeit" 2700 Euro netto oder mehr verdienen, erhalten kein (!) Elterngeld. Der Grund: Sie haben keine Einkommenseinbußen im „elterngeldlichen Sinn". Ein Beispiel: Sie haben in den 12 Monaten vor der Geburt Ihres

Kindes durchschnittlich 2500 Euro pro Monat verdient. Danach arbeiten Sie 25 Stunden in der Woche und verdienen 1100 Euro. Als Elterngeld erhalten Sie 65 Prozent von 1400 Euro (2500 Euro ./. 1100 Euro), also 910 Euro. Wer eine Arbeit aufnimmt, während er Elterngeld bezieht, muss dies der Elterngeldstelle mitteilen. Diese wird dann – falls notwendig – die Höhe des Elterngeldes korrigieren.

Hat das Einkommen des anspruchsberechtigten Elternteils vor der Geburt monatlich weniger als 1000 Euro netto betragen, wird das Elterngeld von 67 Prozent auf bis zu 100 Prozent angehoben. Für je 20 Euro, die das Einkommen unter 1000 Euro liegt, steigt die Ersatzrate um 1 Prozent. Auch hier ein Beispiel: Ihr Netto-Einkommen beträgt 700 Euro. Sie rechnen also: 1.000 Euro ./. 700 Euro = 300 Euro : 20 Euro = 15 x 1 Prozent = 15 Prozent. Zu den 67 Prozent werden also 15 Prozent dazugezählt. Sie erhalten damit 574 Euro Elterngeld pro Monat (82 Prozent von 700 Euro).

Gut zu wissen: Bei Mehrlingsgeburten (Zwillingen, Drillingen …) erhalten Sie einen Bonus von je 300 Euro für jedes weitere Kind. Eine Familie mit Zwillingen kann damit maximal 2100 Euro Elterngeld im Monat bekommen. Hat die Familie zwei unter dreijährige oder drei unter sechsjährige Kinder, erhält sie zusätzlich zum Elterngeld einen „Geschwisterbonus" in Höhe von jeweils 10 Prozent des Elterngeldes, jedoch mindestens 75 Euro monatlich. Der Geschwisterbonus wird so lange bezahlt, bis das dritte beziehungsweise sechste Lebensjahr vollendet ist. Bei behinderten Kindern beträgt die Altersgrenze jeweils 14 Jahre.

TIPP So können Sie die Höhe des Elterngeldes beeinflussen

Sofern 65 Prozent Ihres Nettoeinkommens nicht die Höchstgrenze von 1800 Euro übersteigen, auf das Sie zugunsten der Erziehung verzichten, sollten Sie überlegen, wie Sie Ihr Nettoeinkommen erhöhen. Denkbar ist hier eine abweichende Steuerklassenwahl, die Eintragung von Freibeträgen auf der Lohnsteuerkarte und eine Umschichtung von Einmalentgelt in laufendes Entgelt. Bedenken Sie dabei daber, dass jedem Vorteil ein Nachteil entgegenstehen kann. So hat derjenige, der in die Steuerklasse V wechselt, einen geringeren Anspruch auf eventuelles Kranken- oder Arbeitslosengeld. Denn auch für diese Lohnersatzleistungen ist der Nettolohn maßgebend. Sie müssen also sehr genau rechnen.

Die Wahl der Steuerklasse ist ausschlaggebend für die Höhe Ihres Nettoeinkommens und damit auch für die Berechnung des Elterngelds. Das Bundessozialgericht (BSG, Urteil vom 25.6.2009 – B 10 EG 4/08 R) sieht im Wechsel der Lohnsteuerklasse keinen Missbrauch, sondern „eine zulässige Gestaltungsmöglichkeit", um ein höheres Nettoeinkommen und damit auch ein höheres Elterngeld zu beziehen. Ein Wechsel der Steuerklasse ist keinesfalls rechtsmissbräuchlich. Achtung: Wird Ihr Kind ab dem 1.1.2013 geboren, wird nur die Steuerklasse berücksichtigt, die für die meisten Monate des Berechnungszeitraums vorgelegen hat.

Beim Elterngeld werden lediglich die laufenden Einnahmen, nicht aber Einmalzahlungen wie Weihnachts- oder Urlaubsgeld in die Anspruchsgrundlage mit einbezogen. Erhalten Sie regelmäßig Umsatzprovisionen von Ihrem Arbeitgeber, erhöhen diese das Elterngeld, denn sie müssen bei Berechnung berücksichtigt werden (BSG, Urteil vom 3.12.2009 – B 10 EG 3/09 R). Solche variablen Vergütungen sind selbst dann mit einzurechnen, wenn die Höhe der Umsatzprovision von Monat zu Monat schwankt.

Wenn Sie sozialversicherungspflichtig sind, bleiben Sie, wenn Sie Elterngeld beziehen, Mitglied sowohl in der gesetzlichen Krankenversicherung als auch in der sozialen Pflegeversicherung. Es besteht Beitragsfreiheit. Allerdings bezieht sich diese nur auf das Elterngeld, nicht auf Zusatzverdienste. Wenn Sie sich freiwillig krankenversichert haben, weil Ihr Einkommen die Jahresarbeitsentgeltgrenze überschreitet, zahlen Sie ebenfalls keine Beiträge. Zudem unterliegen Sie während der Elternzeit der Versicherungspflicht in der Arbeitslosenversicherung. Für diese Zeit werden die Beiträge vom Bund getragen. Aus dem Elterngeld sind grundsätzlich keine Rentenversicherungsbeiträge zu zahlen. Um Lücken im „Rentenkonto" zu vermeiden, gelten bei dem betreffenden Elternteil während der Kindererziehungszeiten für die ersten drei Jahre Pflichtbeiträge zur gesetzlichen Rentenversicherung als gezahlt.

■ Bezahlte Freistellung bei Arbeitsverhinderung aus persönlichen Gründen

Wer aus persönlichen Gründen eine „verhältnismäßig nicht erhebliche Zeit" nicht arbeiten kann, der behält dennoch seinen Anspruch auf Entgelt. Mit anderen Worten: Der Arbeitgeber muss zahlen, auch wenn Sie als Arbeitnehmer an bis zu fünf Tagen nicht arbeiten. Voraussetzung: Sie sind nicht schuld an Ihrem „Nicht-Arbeiten" (§ 616 Abs. 1 Satz 1 BGB). Die Arbeitsverhinderung muss also auf ein subjektives, persönliches Leistungshindernis zurückzuführen sein. Das ist beispielsweise dann der Fall, wenn Sie überraschend unschuldig in Untersuchungshaft genommen werden oder wenn überraschend ein Beschäftigungsverbot nach dem Bundesseuchengesetz ausgesprochen wird. Dass es morgens Glatteis hat und Sie deshalb nicht zur Arbeit kommen konnten, ist ein objektives, kein subjektiv persönliches Leistungshindernis.

Aber Sie sind auch dann persönlich verhindert, wenn Ihnen das Arbeiten aus Treu und Glauben nicht zumutbar ist. Darunter versteht man zum Beispiel Arzt-besuche während der Arbeitszeit, wenn Sie den Arzttermin nicht beeinflussen können, den Tod von Angehörigen, eine schwere Krankheit eines Angehörigen, insbesondere des Ehepartners oder der Kinder, sowie die Stellensuche in weiter Entfernung vom Wohnort. In solchen Fällen muss Ihr Arbeitgeber Sie von der Arbeit freistellen, und er muss Ihnen auch das Arbeitsentgelt für einen bestimmten Zeitraum fortzahlen, wenn nichts anderes vereinbart wurde. Sie sollten also immer zuerst prüfen, ob eine andere Vereinbarung vorliegt, ob beispielsweise Ihr Arbeitsvertrag, ein Tarifvertrag oder eine Betriebsvereinbarung den Zahlungsanspruch ausschließt. Schon der lapidare Satz „§ 616 BGB wird ausgeschlossen" in Ihrem Arbeitsvertrag bedeutet, dass Sie kein Geld erhalten, wenn Sie nicht arbeiten.

Seit Anfang 2012 gilt das Familienpflegezeitgesetz. Es besagt, dass Sie mit Ihrem Arbeitgeber eine Verringerung Ihrer Arbeitszeit für höchstens 2 Jahre auf bis zu 15 Stunden pro Woche vereinbaren können. Vereinbaren heißt: Ihr Arbeitgeber muss damit einverstanden sein. Sie haben keinen Anspruch auf die Arbeitsreduktion. Ist Ihr Arbeitgeber nicht einverstanden, müssen Sie entweder andere Möglichkeiten der Pflege finden oder kündigen. Wird Ihre Arbeitszeit heruntergefahren, hat der Arbeitgeber das Recht, Ihnen weniger Gehalt zu bezahlen. Sie können aber auch mit ihm vereinbaren, dass Ihr Gehalt vorübergehend gleich bleibt und Sie dann nach der Pflegezeit zu reduziertem Gehalt voll weiterarbeiten, bis die „Vorschusslücke" geschlossen ist. Was aber, wenn überraschend ein Pflegefall eintritt? Dann können Sie sich bis zu 10 Arbeitstage unbezahlt freistellen lassen. Arbeiten Sie bei einem Unternehmen, das mehr als 15 Beschäftigte hat, haben Sie Anspruch darauf, sich – zwar unbezahlt, aber sozialversichert – für 6 Monate von der Arbeit freistellen zu lassen. Zudem können Sie nach dem Teilzeit- und Befristungsgesetz Anspruch auf befristete Teilzeitbeschäftigung erheben.

Was dürfen Sie im Job?
Was müssen Sie lassen?

Grundsätzlich gelten Ihre Persönlichkeitsrechte und damit das Recht auf Ihre freie Entfaltung auch im Beruf. Doch es gibt Ausnahmen. So kann es beispielsweise die Besonderheit Ihres Berufs mit sich bringen, dass Sie bestimmte Regeln in Bezug auf Kleidung, Frisur, Schminke und Schmuck beachten müssen oder sollen. Aber auch die Fragen nach dem Rauchen, einer Nebenbeschäftigung oder eines Konkurrenzverbots stellen sich in diesem Zusammenhang immer wieder.

■ Ihr Aussehen

Grundsätzlich ist Körperschmuck wie Piercings oder Tattoos Ihre Privatsache. Ihr Arbeitgeber wird sich in den eher konservativen Branchen wie Versicherungen und Banken zwar wünschen, dass Ihr Körperschmuck unauffällig ist, dagegen tun kann er aber nichts. Und er kann auch nicht ohne Weiteres verlangen, dass Sie Ihr Aussehen ändern. Er kann Sie jedoch vom Kundenkontakt fernhalten, wenn er befürchtet, dass Ihr äußeres Erscheinungsbild nicht dem Bild des Unternehmens in der Öffentlichkeit oder dem Branchen- oder Verkaufskonzept des Unternehmens entspricht. Zudem kann er bei Kundenkontakt das Entfernen von Piercings und das Verdecken von Tattoos während der Arbeitszeit fordern. Dasselbe gilt für auffällige religiöse Merkmale wie Ganzkörperschleier, Kopftücher und religiösen Schmuck ... Allerdings muss der Arbeitgeber alle Vorschriften, die das Aussehen des Mitarbeiters bei Kundenkontakt nach seinem Geschmack beeinträchtigen, plausibel begründen. Überlegen Sie in solchen Fällen, ob sich ein Streit wirklich lohnt. Denn die Zeit arbeitet für Sie. Denken Sie nur an die zwischenzeitlich breite Akzeptanz von Tattoos etwa im Schulter- oder Nackenbereich, die so vor einigen Jahren noch nicht vorstellbar gewesen wäre.

Arbeiten Sie in einem Gesundheitsbereich, einem Labor oder in einem medizinischen oder pflegerischen Beruf, sieht die Sache etwas anders aus. Hier gelten bestimmte Hygienevorschriften, die z. B. das Tragen von Fingerringen oder eine auffällige Nagelgestaltung untersagen. Für das Tragen von Ohrringen oder Piercings gibt es noch keine einheitlichen

Regelungen. Hier entscheidet einerseits die Toleranz des Arbeitgebers, zum anderen seine Fürsorgepflicht. Arbeiten Sie in einem Beruf, in dem Ihre „Kunden" auch einmal aggressiv Ihnen gegenüber reagieren und Sie tätlich angreifen, sind Piercings und Ohrringe gefährliche Angriffspunkte, die Sie schnell „außer Gefecht setzen" und erheblich schädigen könnten.

■ *Rauchen am Arbeitsplatz*

Ihr Arbeitgeber darf Ihnen – natürlich im Rahmen des vereinbarten Dienstvertrags sowie von Tarifverträgen beziehungsweise Betriebsvereinbarungen – vorschreiben, was Sie als Arbeitnehmer zu tun oder zu lassen haben. Kraft dieses Direktionsrechts kann er auch Rauchverbote erlassen, solange sich diese auf gesetzliche Grundlagen stützen. Dazu gehören neben den Unfallverhütungsvorschriften und dem Brandschutz beispielsweise der Schutz der Nichtraucher, die durch passives Rauchen gefährdet werden. So kann der Arbeitgeber beispielsweise nicht nur in Großraumbüros das Rauchen verbieten, sondern auch in einem Springerfahrzeug, um die nicht rauchenden Fahrer zu schützen.

Ist das Rauchen gesetzlich verboten, kann auch der Betriebsrat diese Regelung nicht umgehen. Das heißt: Rauchverbote, die sich bereits aus gesetzlichen Vorschriften ergeben, sind mitbestimmungsfrei. Dazu gehören unter anderem die Vorschriften der Arbeitsstättenverordnung, hier vor allem die Verordnung über das Lüften von Arbeitsräumen und den Nichtraucherschutz in Pausen-, Bereitschafts- und Liegeräumen. Ebenfalls kein Mitbestimmungsrecht hat der Betriebsrat bei solchen Rauchverboten, die ergehen, weil der Arbeitnehmer sonst seine Arbeitsleistung nicht vertragsgemäß erbringen kann. Alle anderen Rauchverbote dagegen unterliegen der Mitbestimmung des Betriebsrats.

Beachten müssen Sie zudem die Rauchverbote, die Ihr Arbeitgeber „einfach nur" aus seinem ureigensten berechtigten Interesse ausgesprochen hat. Das darf er wiederum kraft seines Direktionsrechts. So kann er beispielsweise ein Rauchverbot aussprechen, wenn die herzustellende Ware so empfindlich ist, dass sie durch den Rauch Schaden nehmen würde. Dazu gehören bestimmte Lebensmittel, aber auch IT-Produkte. Dasselbe gilt, wenn die zu verkaufende Ware keinen Tabakgeruch annehmen soll. Selbst das eigentlich „platte" Argument, dass der Arbeitnehmer nicht gleichzeitig arbeiten und rauchen kann, rechtfertigt ein Rauchverbot am Arbeitsplatz. Ebenso kann der Arbeitgeber ein berechtigtes Interesse geltend machen, wenn er bei den Mitarbeitern, die Kundenkontakt haben, ein Rauchverbot am Arbeitsplatz ausspricht.

Wenn Sie als Raucher ganz allein für sich in einem eigenen, abgeschlossenen Büro arbeiten, ist ein Rauchverbot unzulässig.

Das gilt aber nur so lange, wie es aufgrund der Arbeitsteilung keine Notwendigkeit für Ihre nicht rauchenden Kollegen gibt, Ihr Büro mit zu benutzen oder es zu betreten. Ist in Ihrem Einzelbüro auch die Korrespondenz der Abteilung untergebracht, kann Ihnen trotzdem ein Rauchverbot erteilt werden, weil nicht rauchende Kollegen Ihr Büro betreten und sich dort aufhalten müssen. Aber auch Klimaanlagen oder Umluftanlagen können ein Rauchverbot in Einzelbüros rechtfertigen. Denn sonst würde „Ihr" Rauch über die Anlagen in die anderen Büros verteilt werden.

In Betriebsvereinbarungen kann festgelegt werden, dass und, wenn ja, wo den Rauchern die Möglichkeit zum Rauchen gegeben wird. Ein individueller Anspruch auf einen abgeschlossenen oder sonst wie geschützten Raum besteht jedoch nicht. Unstreitig ist auch, dass während der Arbeitszeit nur in den Pausen geraucht werden darf.

TIPP Ausstempeln bei Rauchpausen

In vielen Betrieben ist es Usus oder vereinbart, dass Mitarbeiter, die zum Rauchen den Arbeitsplatz verlassen, ausstempeln und nach dem Rauchen wieder einstempeln. Halten Sie sich an diese Regelungen. Tun Sie das nicht und es wird ein Grund gesucht, Ihnen „an den Karren zu fahren", liefern Sie beim Nicht-Ausstempeln einen Abmahnungs- oder sogar Kündigungsgrund auf dem Silbertablett.

■ Nebentätigkeiten

Nebentätigkeiten dürfen Sie in angemessenem Rahmen ohne die Erlaubnis Ihres Arbeitgebers durchführen. Eigengeschäfte dagegen müssen Sie sich genehmigen lassen – entweder in jedem Einzelfall oder generell. Zum besseren Verständnis: Eigengeschäfte spielen sich – im Gegensatz zu Nebentätigkeiten – auf dem Gebiet des Unternehmensgegenstands ab. Sie treten also in Konkurrenz zu Ihrem Arbeitgeber. Und das ist nicht ohne Weiteres erlaubt.

Nebentätigkeiten fallen auch nicht unter das vertragliche Wettbewerbsverbot, solange sie nicht Formen annehmen, die dazu führen, dass Sie Ihrer geregelten Tätigkeit nicht mehr voll nachgehen können. Ein Beispiel: Sie sind tagsüber angestellt als Baggerfahrer. Nachts verdingen Sie sich als Nachtwächter. Dann können Sie – abgesehen davon, dass Sie wegen akuten Schlafmangels sich, Ihre Kollegen und die Maschinen gefährden – Ihre Arbeit nicht mehr richtig erledigen.

Zwischen Ihnen und Ihrem Arbeitgeber können Vereinbarungen getroffen werden, dass Sie sich auch private Nebentätigkeiten genehmigen lassen müssen. Auch hier ein Beispiel: Sie als Mitarbeiter der EDV-Abteilung sind Skilehrer und führen gegen Bezahlung mit anderen zusammen Extrem-Touren durch. Es kann vereinbart werden, dass Sie sich die Durchführung dieser Touren genehmigen lassen müssen. Selbst Urlaubsziele können davon betroffen sein, zum Beispiel, wenn Sie in gefährdete Gebiete, wie etwa Nordafrika oder Teile Asiens beziehungsweise Südamerikas reisen wollen. Hier kann Ihr Arbeitgeber die Urlaubsgewährung von seiner Zustimmung zum Reiseziel abhängig machen. Allerdings gibt es Grenzen: Die Verwaltung Ihres eigenen Vermögens kann Ihnen nicht verwehrt werden, es sei denn, Sie steigen ins Daytrading ein und müssen Ihre Geldanlage so intensiv überwachen, dass Sie Ihrer eigentlichen Arbeit nicht mehr nachkommen können.

Bei Eigengeschäften sieht die Lage etwas anders aus. Sie haben Ihrem Arbeitgeber gegenüber eine Treuepflicht, so lange Ihr Arbeitsvertrag läuft. Das bedeutet auch, dass Sie ihm keine Konkurrenz machen dürfen, indem Sie Geschäfte auf eigene Rechnung tätigen oder gar Geschäfte, die Sie für Ihren Arbeitgeber abgeschlossen haben, auf eigene Rechnung abwickeln. Fehlt ein Hinweis auf die Treuepflicht oder das Verbot von Eigengeschäften in Ihrem Anstellungsvertrag, heißt das nicht, dass Sie von diesen Pflichten entbunden sind. Sie gelten allgemein, ohne dass sie besonders erwähnt sein müssen. Ihr Arbeitgeber kann Ihnen jedoch ausdrücklich gestatten, Eigengeschäfte zu tätigen – sei es persönlich, selbstständig oder gewerblich. Meist müssen Sie dem Arbeitgeber für die Erlaubnis, Eigengeschäfte zu tätigen, ein Entgelt bezahlen (eine sogenannte Wettbewerbsentschädigung).

■ Wettbewerbsverbot

Wer mit einem Wettbewerbsverbot belegt ist, darf seinem Arbeitgeber keine Konkurrenz machen. Man unterscheidet dabei ein vertragliches Wettbewerbsverbot, das gilt, solange der Arbeitsvertrag besteht, und ein nachvertragliches Wettbewerbsverbot, das zu gelten anfängt, wenn der Arbeitsvertrag zu Ende ist.

Während Ihr Vertrag läuft, haben Sie, wie bereits angedeutet, Ihrem Arbeitgeber gegenüber eine Treuepflicht. Sie dürfen ihm also keine Konkurrenz machen, es sei denn, er erlaubt es Ihnen. Ein nachvertragliches Wettbewerbsverbot muss zwischen Ihnen und Ihrem Arbeitgeber ausdrücklich vereinbart werden. Es darf höchstens 2 Jahre lang gelten, und Sie müssen „für das erzwungene Däumchendrehen" entschädigt werden.

Ein einmal geschlossenes nachvertragliches Wettbewerbsverbot kann auch im gegenseitigen Einvernehmen bei Ende des eigentlichen Vertrags aufgelöst werden. Dann entfällt die Pflicht, eine Entschädigung zu zahlen ebenso wie die Pflicht, Wettbewerbsbeschränkungen zu beachten.

INFO Vertraglich vs. nachvertraglich

Mit dem Begriff des vertraglichen Wettbewerbsverbots wird die Tatsache umschrieben, dass Sie als Arbeitnehmer Ihrem Arbeitgeber gegenüber ein Treuegebot haben und nicht nur alles unterlassen müssen, was ihm schadet, sondern auch – solange Ihr Vertrag läuft – alles tun müssen, was ihm nützt. Das nachvertragliche Wettbewerbsverbot stellt demgegenüber eine Vereinbarung zwischen zwei Vertragspartnern dar, die besagt, dass der eine – in der Regel gegen Entgelt (Karenzentschädigung) – darauf verzichtet, nach Ablauf des Vertrags bestimmte Handlungen zu unternehmen, bestimmte Geschäfte zu tätigen oder auf bestimmten Gebieten (sachlich wie örtlich) tätig zu werden.

Oft dürfen Sie während der Dauer des nachvertraglichen Wettbewerbsverbots durch erlaubte Tätigkeiten hinzuverdienen. Nach § 74c des Handelsgesetzbuchs (HGB) darf der erlaubte Verdienst plus Karenzentschädigung jedoch höchstens 110 Prozent des letzten Verdiensts ausmachen. Wer mehr hinzuverdient, dem kann die Entschädigung gekürzt werden. Ausnahme: Wer wegen des nachvertraglichen Wettbewerbsverbots umziehen muss, kann 15 statt nur 10 Prozent hinzuverdienen.

Arbeitnehmerhaftung: nur fürs Grobe

Die gute Nachricht zuerst: Als Arbeitnehmer haften Sie Ihrem Arbeitgeber gegenüber nur dann, wenn Sie ihn grob fahrlässig oder mit Vorsatz geschädigt haben. Nicht geradestehen müssen Sie für die Fehler, die durch leichte Fahrlässigkeit, also durch Hektik, durch Nichtaufpassen oder durch pure Gedankenlosigkeit entstehen. Bei mittlerer Fahrlässigkeit kann der Arbeitgeber Sie an den Kosten für die Schadensbeseitigung beteiligen – er darf Sie Ihnen aber keinesfalls ganz aufbürden.

Vorsatz und Fahrlässigkeit

Ein Arbeitnehmer haftet nicht, wenn er an dem Schaden keine Schuld trägt. Schuld ist jemand nur dann an einem Schaden, wenn er mit Vorsatz oder fahrlässig handelt. Vorsatz ist immer dann gegeben, wenn sich der Arbeitnehmer bei seiner Handlung darüber bewusst ist, dass er seine Pflichten verletzt und dass er Schaden anrichtet. Selbst wenn die Sache „gut ausgeht" oder der Sabotageakt nicht gelingt, liegt Vorsatz vor, denn der Arbeitnehmer hat seine Pflichtverletzung und den Schaden für möglich gehalten und zumindest billigend in Kauf genommen. Bei Vorsatz haften Sie als Arbeitnehmer voll.

Fahrlässig handeln Sie, wenn Sie zwar Ihre Pflichten nicht verletzen und auch den Arbeitgeber nicht schädigen wollen, aber die „im Verkehr erforderliche Sorgfalt" außer Acht lassen. Fahrlässig handelt also der, der durch Unachtsamkeit dem Arbeitgeber schadet. Aber selbst bei grober oder mittlerer Fahrlässigkeit haften Sie als Arbeitnehmer nicht voll – einen Teil des Schadens muss der Arbeitgeber immer mittragen. Denn er muss, wenn er Mitarbeiter einstellt, „damit rechnen", dass diese Fehler bei der Ausübung ihrer Arbeit machen. Bei einfachster oder einfacher Fahrlässigkeit haften Sie deshalb gar nicht. Einfachste Fehler (Sie haben sich geirrt oder verhört) oder einfache Fehler bei „betrieblich veranlassten" Tätigkeiten kann der Arbeitgeber also nicht sanktionieren.

Das Problem dabei: Die Grenzen zwischen einfach, mittel und grob sind fließend. Und natürlich wird er versuchen, einen einfachen zu einem mittelgroßen Fehler hochzustilisieren, damit Sie einen Teil des Schadens übernehmen müssen.

Bei nicht betrieblich veranlassten Tätigkeiten haften Sie als Mitarbeiter, wie jeder jedem gegenüber für Fehler haftet. Sie haften also auch schon für Fahrlässigkeit. Nicht betrieblich veranlasst sind Tätigkeiten, die nichts mit der Arbeit zu tun haben, zum Beispiel: Es kommt zu einem Brand, weil Sie und Ihre Kollegen in der Mittagspause grillen, oder es werden in der Mittagspause Computerspiele vom mitgebrachten Stick auf den Betriebs-PC überspielt und so Viren eingeschleust. Wichtig: Ihr Arbeitgeber muss nicht nur nachweisen, dass ihm ein Schaden entstanden ist, er muss auch nachweisen, dass Sie in Bezug auf die Pflichtverletzung und auf die Schadensherbeiführung fahrlässig gehandelt haben. Vereinbarungen über eine Beweislastumkehr zu Ihren Lasten sind in der Regel unwirksam.

Zudem muss Ihr Haftungsumfang im Verhältnis zu Ihrer wirtschaftlichen Leistungsfähigkeit, sprich zu Ihrem Entgelt stehen.

Drei Monatsgehälter sind hier eine „magische Grenze". Beträgt der Schaden, den Sie angerichtet haben, mehr als drei Monatsgehälter, wird der Arbeitgeber das nicht gegen Sie durchsetzen können, auch nicht vor Gericht. Der Grund: Ein so hoher Schaden steht in einem deutlichen Missverhältnis zu Ihrem Gehalt. Bei mittlerer Fahrlässigkeit müssen Sie als Arbeitnehmer in der Regel nicht mehr als ein Bruttogehalt als Schadensersatz bezahlen.

In besonderen Fällen kann der Arbeitgeber die Arbeitnehmerhaftung erweitern, beispielsweise bei der „Mankohaftung", bei der Sie für Fehlbeträge in einer Ihnen anvertrauten Kasse oder einem Warenbeziehungsweise Werkzeuglager verantwortlich sind. Allerdings müssen Sie einer solchen Haftungserweiterung zustimmen. Ohne eine besondere Vereinbarung diesbezüglich, haften Sie grundsätzlich nur für mittlere und grobe Fahrlässigkeit sowie Vorsatz.

Schutzrechte im Job: Sie müssen sich nicht alles gefallen lassen

Als Arbeitnehmer gehören Sie zu einer „schützenswerten Spezies". Und das ist auch gut so. Natürlich kann man durchaus davon ausgehen, dass viele Arbeitnehmer über genügend Wissen und Selbstvertrauen verfügen, sich nicht alles gefallen zu lassen. Aber genauso regelmäßig kann man davon ausgehen, dass dann, wenn es „hart auf hart" kommt, die Firma über die größeren finanziellen Ressourcen verfügt. Und meist können Arbeitgeber Arbeitnehmer leichter ersetzen als Arbeitnehmer Arbeitgeber. Im Folgenden erfahren Sie also, auf welche Rechte Sie pochen können, um sich zu schützen.

■ *Die Überwachung durch den Arbeitgeber hat Grenzen*

Im laufenden Arbeitsverhältnis darf der Arbeitgeber grundsätzlich sämtliche Daten speichern, die er braucht, um seinen gesetzlichen Pflichten gegenüber den Mitarbeitern nachzukommen. Dazu zählen insbesondere die steuerlichen und sozialversicherungsrechtlichen Pflichten. Das heißt: Er muss den Familienstand, die Zahl der Kinder und die Religionszugehörigkeit des Mitarbeiters für die Gehaltsabrechnung speichern. Auch die Staatsangehörigkeit benötigt er für die Meldung an die Krankenkasse. In der Personalakte werden darüber hinaus meist Geschlecht, Schul- und Berufsausbildung und Sprachkenntnisse gespeichert, was ebenfalls zulässig ist. Viele Unternehmen betreiben zudem Wissensmanagement und speichern die Spezialkenntnisse ihrer Mitarbeiter.

All diese Daten müssen vertraulich behandelt werden. Sie müssen „verschlusssicher" untergebracht sein. Zugang zu personenbezogenen Daten dürfen nur die Berechtigten haben. Schon ein im Kopierer vergessener Zettel mit Bemerkungen zu einem Mitarbeiter ist eine Verletzung des Datenschutzes.

Heimliche Überwachungen sind dagegen unzulässig, und die Ergebnisse dürfen nicht verwendet werden. Ausnahme: Es besteht ein begründeter Anfangsverdacht. Aber selbst dann muss der Arbeitgeber „die Kirche im Dorf" lassen. Das heißt, er darf seine Mitarbeiter nicht generell und lückenlos überwachen. Damit würde er das Persönlichkeitsrecht seiner Mitarbeiter verletzen. Zur Überwachung können Personen (Detektive, Hausdetektive, Kontrolleure, verdeckte Fremdkäufer), Software und/oder andere technische Hilfsmittel (wie etwa Kameras oder Videos) benutzt werden. Hat das Unternehmen einen Betriebsrat, muss dieser zu den geplanten Überwachungs- und Kontrollmechanismen gehört werden und den Verfahren zustimmen. Hat das Unternehmen keinen Betriebsrat, muss der Arbeitgeber die Arbeitnehmer über die bevorstehenden Überwachungen sowie die ins Auge gefasste Methode unterrichten.

Torkontrollen und Leibesvisitationen können – sofern Sie in Ihrem Arbeitsvertrag dazu nicht Ihre Zustimmung gegeben haben oder eine entsprechende Betriebsvereinbarung besteht – nicht einseitig vom Arbeitgeber angeordnet werden. Doch auch hier gibt es Ausnahmen, zum Beispiel, wenn Ihr Arbeitgeber ein konkretes Bedürfnis nach diesen Maßnahmen hat, etwa wegen sich häufender Diebstähle. Dann aber muss er entweder alle kontrollieren oder bestimmte Mitarbeiter nach dem Zufallsprinzip auswählen. Gezielt darf er nur solche Mitarbeiter kontrollieren, gegen die ein konkreter Verdacht besteht.

Soll das Telekommunikationsverhalten, also die Nutzung von Telefon, Handy, E-Mail und Internet, überwacht werden, muss der Arbeitgeber auch bei berechtigtem Interesse die vom Fernmeldegeheimnis und Datenschutzrecht sowie dem Persönlichkeitsrecht des Arbeitnehmers gesetzten Grenzen beachten. Außerdem ist zu unterscheiden, ob der Arbeitgeber die private Nutzung privater Telekommunikationseinrichtungen zulässt, duldet oder verbietet. Nur im letzteren Fall hat er das Recht, zu überwachen, ob das Verbot eingehalten wird.

Gut zu wissen: Werden Sie heimlich gefilmt, können Sie sogar Schmerzensgeld verlangen. Das Frankfurter Arbeitsgericht a.M. (Urteil vom 26.9.2000 – 18 Ca 4036/00) hat in einem solchen Fall dem betroffenen Mitarbeiter ein Viertel Brutto-Monatsgehalt als Schmerzensgeld zugesprochen.

WICHTIG Heimliche Überwachung

Der Arbeitgeber darf – ohne dass er einen konkreten Anfangsverdacht hat – noch nicht einmal dann seine Mitarbeiter heimlich überwachen, wenn er sie über die Möglichkeit der Überwachung informiert hat (BAG vom 15.5.1991 – 5 AZR 115/90). Wie lange die Überwachung bei begründetem Verdacht dauern darf, hängt von Einzelfall ab.

Hat der Arbeitgeber Zweifel an der Arbeitsunfähigkeit eines seiner Mitarbeiter, braucht er nicht zur Selbsthilfe mittels Überwachung zu greifen. Er kann bei den Krankenkassen die Überprüfung durch den medizinischen Dienst veranlassen. Die Überwachung von krankgeschriebenen Arbeitnehmern durch Detektive ist deshalb nur dann zulässig, wenn der Arbeitnehmer die Überwachung durch eine vorsätzliche vertragswidrige Handlung herbeiführt. Das ist beispielsweise dann der Fall, wenn Sie verlauten lassen: „Dann mache ich halt krank, wenn ich nicht frei bekomme …" Hier müssen Sie dem Arbeitgeber sogar die Detekteikosten ersetzen. Aber: Der Überwachungsaufwand muss in einem angemessenen Verhältnis zum drohenden beziehungsweise angerichteten Schaden stehen. Der Detektiv muss also nicht mit auf die Bahamas fliegen und sich dort im teuersten Hotel einquartieren, nur um nachweisen zu können, dass der Arbeitnehmer

dort nicht krank, sondern in Urlaub ist. Sie als Arbeitnehmer dürfen höchstens mit den ortsüblichen Überwachungskosten belastet werden.

Das alles aber gilt nur, wenn es gegen Sie begründete Verdachtsmomente gibt. Hat der Arbeitgeber dagegen „nur so ins Blaue hinein" gegen Sie ermitteln lassen, müssen Sie ihm die angefallenen Detektivkosten nicht ersetzen. Will der Arbeitgeber Schummeleien vorbeugen, muss er die Kosten selbst tragen. Und zwar selbst dann, wenn der Detektiv Ihnen bei dieser Gelegenheit eine vorsätzliche Vertragsverletzung nachweisen kann.

Achtung: Wenn der Arbeitgeber von Ihnen Geld will, muss er den Kostenersatz innerhalb der dafür vorgesehenen Fristen geltend machen. Oft sehen die Tarifverträge Fristen vor, innerhalb derer die Ansprüche aus dem Arbeitsverhältnis geltend gemacht werden müssen.

■ Schutz gegen Mobbing

Mobbing (von Englisch „mob" für Pöbel) ist die Situation, in der eine einzelne Person oder eine formelle Gruppe dauerhaft negativ gegen ein Individuum oder eine Personengruppe vorgeht. Es ist zudem die feindliche, unmoralische Kommunikation, die gezielt gegen andere gerichtet ist. Mobbing heißt übrigens nur auf Deutsch so. Wenn Sie in einem eher international ausgerichteten Unternehmen arbeiten, wird man dort von „Bullying" sprechen.

Mobbing ist kein „exotisches Phänomen" im Arbeitsalltag. Die Zahl der Mobbing-opfer wird derzeit auf etwa 1,5 Millionen Arbeitnehmer geschätzt. Nach Recherchen der *Frankfurter Rundschau* sollen etwa 10 Prozent aller Suizide in Deutschland auf Mobbing am Arbeitsplatz zurückzuführen sein. Es ist auch keine Besonderheit der Führungsetagen. Gemobbt wird quer durch alle Hierarchiestufen – allerdings häufiger in Angestelltenberufen als in handwerklichen oder produzierenden Berufen. Wird nicht innerhalb derselben Ebene oder von oben nach unten gemobbt, sondern von unten nach oben, spricht man von „Bossing". Auch bezüglich der Geschlechterorientierung besteht kaum ein Unterschied – es werden sowohl Männer als auch Frauen von Männern als auch Frauen gemobbt.

Die Gründe für Mobbing sind vielfältig. Es gibt eine Art Luxus-Mobbing, bei der es für die Mobber nicht um existenzielle Fragen wie den Arbeitsplatzverlust geht, sondern um individuelle Existenzängste, die im psychischen Bereich liegen, also Angst vor Wertlosigkeit, vor Verlust des betriebssozialen Ansehens, vor Versagen, vor Erfolglosigkeit ... Aber es gibt natürlich auch Mobbing als eine Art Existenzsicherung, wenn die Angst um den Arbeitsplatz das Handeln vordringlich bestimmt. Ebenfalls zu Mobbing kommt es, wenn das Wertesystem einer Gruppe oder eines einzelnen Menschen zusammenbricht. Dann fehlen moralische Grundsätze, an denen man sich orientieren kann.

Zwar gibt es im deutschen Rechtssystem den Begriff „Mobbing" nicht, dennoch bieten sowohl das Grundgesetz als auch das Strafrecht Schutz. Neben dem Betriebsverfassungsgesetz, das eine Reihe von Schutzrechten beinhaltet, gebietet es die Fürsorgepflicht dem Arbeitgeber, dafür zu sorgen, dass es gar nicht erst zu Mobbing kommt. Das Problem hierbei ist jedoch, dass nach Untersuchungen der IG Metall 37 Prozent der Mobbing-Dauerattacken von Vorgesetzten verübt werden. Dabei soll sich diese Zahl noch am unteren Rand der Realität bewegen. Praktiker in der Mobbingberatung schätzen, dass etwa 80 Prozent aller Mobbingaktivitäten von Vorgesetzten ausgehen.

Das Landesarbeitsgericht Thüringen (Urteile vom 10.4.2001 – 5 Sa 403/2000 und vom 15.2.2000 – 5 Sa 102/2000) hat dashalb richtungsweisend klargestellt, dass nach der Europäischen Menschenrechtskonvention und den Grundsätzen der „Waffengleichheit" Mobbingopfern Beweiserleichterungen zuerkannt werden müssen. Nunmehr also können Mobbingopfer ihre eigene Aussage in einem Prozess als Parteiaussage in die Beweiserhebung einbringen.

TIPP Bestehen Sie auf Ihrem Recht

Werden Sie als Mobbingopfer verhaltens- oder personenbedingt gekündigt, können Sie sich nun mit dem Argument wehren, dass Sie gemobbt wurden. Auch gegen Abmahnungen wegen angeblicher Schlechtleistung können Sie sich so wehren, indem Sie darauf hinweisen, dass diese lediglich eine Reaktion auf gegen Sie gerichtete Mobbingmaßnahmen war.

Gut zu wissen: Ist der Arbeitgeber Ihren Beschwerden über Mobbing nicht nachgegangen und hat er keine oder nur halbherzige Gegenmaßnahmen in die Wege geleitet, kann er Ihnen gegenüber zum Ersatz des entstandenen Schadens verpflichtet sein.

◼ Welches Verhalten wird als Mobbing eingestuft?

Die wichtigsten Merkmale, an denen Sie Mobbing erkennen können, sind folgende:

• Ihnen werden die Möglichkeiten verwehrt, sich zu artikulieren:

- Ihr Vorgesetzter/Ihre Kollegen erlauben Ihnen nicht, sich zu äußern oder schüchtern Sie ein, wenn Sie sich äußern wollen.

- Sie werden ständig unterbrochen.

- Äußerungen Ihrerseits werden verbal oder nonverbal abgewertet.

- Sie werden angeschrien.

- Sie werden laut und/oder obszön beschimpft.

- Ihre Arbeitsleistung wird ständig kritisiert.

- Ihr Privatleben wird ständig kritisiert.

- Sie erleiden im Betrieb und privat Telefonterror.

- Hinter Ihrem Rücken wird „offen getuschelt".

• Ihre sozialen Beziehungen werden torpediert:

  - Man spricht nicht mehr mit Ihnen.

  - Sie können Ihre Vorgesetzen/Kollegen nicht mehr ansprechen.

  - Sie werden behandelt, als seien Sie Luft.

  - Sie werden in einen gesonderten Raum versetzt, der „ab vom Schuss" ist.

  - Kollegen weigern sich, mit Ihnen in einem Zimmer zu arbeiten.

• Ihr soziales Ansehen wird in den Schmutz gezogen:

  - Es wird schlecht über Sie gesprochen.

  - Es werden Gerüchte über Sie verbreitet.

  - Man versucht, Sie lächerlich zu machen, indem man Sie imitiert oder über Eigenarten und mögliche Behinderungen spottet.

- Sie werden als „bekloppt", „krank im Hirn",„nicht zurechnungsfähig" oder „reif für die Klapse" hingestellt.

- Ihre politische Überzeugung, Ihre ethnische oder soziale Herkunft und/oder Ihre religiöse Einstellung werden angegriffen.

- Ihr Privatleben wird intensiv „diskutiert".

- Sie werden gezwungen, Arbeiten auszuführen, die weit unter Ihrem Können liegen und Ihr Selbstbewusstsein verletzen.

- Es werden Ihnen Arbeiten aufgetragen, die weit über Ihrem Können beziehungsweise Ihren Kompetenzen liegen und die Sie garantiert überfordern.

- Ihre Entscheidungen werden dauernd infrage gestellt, nicht befolgt oder gegenteilig ausgeführt.

- Sie werden sexuell belästigt.

• Die Qualität Ihrer Berufs- und Lebenssituation wird angegriffen:

  - Ihnen werden keine Aufgaben mehr zugewiesen oder zugewiesene Arbeiten wieder entzogen.

  - Sie werden ständig mit neuen Aufgaben überhäuft.

- Sie werden nicht mehr beschäftigt und sind zum „Däumchendrehen" verdammt.

- Ihnen werden offensichtlich sinnlose Arbeiten zugeteilt.

- Sie werden zu gesundheitsschädlichen Arbeiten gezwungen.

- Ihren wird körperliche Gewalt angedroht, man kündigt Ihnen einen „Denkzettel" an, sie werden körperlich misshandelt.

- Man beschädigt Ihre Arbeitsutensilien (Manipulationen an Stühlen oder PC, Ändern des Passworts etc.).

◼ Schutz gegen sexuelle Belästigung

Sexuelle Belästigung ist strafbar. Unerwünschtes Berühren, Tätscheln, Grabschen, anzügliche und beleidigende Bemerkungen, obszöne Aufforderungen, Pornografie, Aufforderungen zu sexuellen Gefälligkeiten oder Handlungen, tätliche Bedrohung und Nötigung zum Geschlechtsverkehr oder anderen sexuellen Handlungen fallen unter den Begriff sexuelle Belästigung.

Der Internationale Gewerkschaftsbund definiert sexuelle Belästigung als „sexuelle Annäherungsversuche jeder Art in Form von Gesten und Äußerungen, jeder unerwünschte körperliche Kontakt, explizit sexuell abfällige Anspielungen oder sexistische Bemerkungen, die wiederholt am Arbeitsplatz vorgebracht und von der Person, an die sie sich richten, als beleidigend empfunden werden und zur Folge haben, dass diese sich bedroht, erniedrigt oder belästigt fühlt. Sexuell belästigend sind auch Anspielungen und sexistische Bemerkungen, die die Betroffenen in ihrer Arbeitsleistung beeinträchtigen, ihre Einstellung gefährden oder am Arbeitsplatz eine unangenehme oder einschüchternde Atmosphäre schaffen."

Sexuelle Belästigung am Arbeitsplatz ist genau wie Mobbing ein weitverbreitetes Phänomen. Zwar können auch Männer Opfer von sexueller Belästigung sein, meist sind es aber Frauen, die scheinbar leicht angreifbar sind, wie geschiedene und getrennt lebende Frauen, junge Frauen und Frauen, die erst seit Kurzem im Arbeitsleben sind, Auszubildende und Beschäftigte mit ungesicherten Arbeitsverträgen.

Wer sexuell belästigt, tut dies unabhängig von Aussehen, Kleidung und Verhalten der Zielperson. So treffen sexuelle Belästigungen auch Behinderte, Homosexuelle sowie Angehörige ethnischer und nationaler Minderheiten. Nach einer Studie des Bundesministeriums für Frauen und Jugend fühlten sich schon im Jahr 1991 75 Prozent aller Frauen am Arbeitsplatz sexuell belästigt. Dabei sind einmalige Belästigungen oder Übergriffe die Ausnahme und werden oft auch als „Ausrutscher" bagatellisiert. Meist werden die Betroffenen über längere Zeit immer häufiger und immer intensiver bedrängt. Sexuelle Dauerbelästigung nimmt den Charakter von Mobbing an.

Erschwerend wirkt, dass sich die meisten der Betroffenen nicht unmittelbar gegen den Aggressor wehren können, weil ihnen keine entsprechenden Verhaltensmuster zur Verfügung stehen, sie sich nicht trauen, sich zu wehren, weil sie negative Folgen in ihrem beruflichen Umfeld befürchten und/oder weil sowohl die berufliche als auch die private Umwelt mit Unverständnis oder gar Schuldzuweisungen reagiert. Wie Mobbing manifestiert sich sexuelle Belästigung quer durch alle Hierarchieebenen, sowohl von oben nach unten als auch von unten nach oben – allerdings in letzterer Ausprägung bislang zu einem verschwindend geringen Anteil.

Durch das Gesetz zum Schutz der Beschäftigten vor sexueller Belästigung am Arbeitsplatz (Beschäftigtenschutzgesetz) werden die Arbeitgeber verpflichtet, Sie als Arbeitnehmer vor sexueller Belästigung am Arbeitsplatz zu schützen. Einige Unternehmen haben hierzu eine Betriebsvereinbarung geschlossen, die neben vorbeugenden Maßnahmen auch Sanktionen (Abmahnung, Versetzung oder Kündigung der belästigenden Person) bei fortgesetzten Belästigungen vorsieht.

■ Schutz für Schwangere und Mütter

Sind Sie schwanger oder stillen nach der Geburt Ihr Kind, stehen Sie unter Mutterschutz. Das heißt, Ihr Arbeitgeber darf Sie nicht an jedem Arbeitsplatz einsetzen, und Ihre Arbeitszeit ist begrenzt. Während des Mutterschutzes, also in der Zeit der Schwangerschaft und 4 Monate nach der Entbindung besteht üblicherweise Kündigungsschutz. Davon gibt es lediglich drei Ausnahmen: Erstens, wenn die Mitarbeiterin straffällig wird und das Vertrauensverhältnis gestört ist, zweitens, wenn das Unternehmen wegen der Schwangerschaftskosten droht, insolvent zu werden, und drittens, wenn der Betriebsteil, in dem die Schwangere beschäftigt ist, stillgelegt werden soll. Die Ausnahmekündigungen müssen genehmigt werden. Gegen die Genehmigung kann Einspruch eingelegt werden.

Das Kündigungsverbot greift, sobald Sie dem Arbeitgeber Ihre Schwangerschaft mitgeteilt haben. Deshalb ist es in aller Regel sinnvoll, den Arbeitgeber möglichst früh über die Schwangerschaft in Kenntnis zu setzen. Sollten Sie gekündigt worden sein und sind schwanger, ohne dass Sie dies Ihrem Arbeitgeber bislang mitgeteilt hatten, bleiben Ihnen noch 2 Wochen Zeit, um dem Arbeitgeber Ihre Schwangerschaft bekanntzugeben. Waren Sie zum Datum des Zugangs der Kündigung schwanger, setzt der Kündigungsschutz nachträglich ein. Verlangt Ihr Arbeitgeber – was er tun kann –, dass Sie ein ärztliches Zeugnis vorlegen, in dem Ihre Schwangerschaft bestätigt wird, muss er die Kosten dafür tragen. Sie als Schwangere oder als stillende Mutter können selbst natürlich jederzeit ordentlich (fristgemäß) oder außerordentlich (fristlos, wenn wichtige Gründe vorliegen) kündigen. Ihren Job sind Sie ebenfalls los, wenn Sie einen Aufhebungsvertrag unterzeichnen.

Sind Sie schwanger oder stillen nach der Entbindung noch, muss das Unternehmen Ihren Arbeitsplatz so gestalten, dass weder Ihr Leben noch Ihre Gesundheit noch die Ihres Kindes gefährdet ist. Schwere körperliche Arbeiten sind verboten, ebenso

Fließband- und Akkordarbeit. Wenn Sie üblicherweise im Sitzen arbeiten, haben Sie Anspruch auf kurze Arbeitsunterbrechungen. Sind Sie dagegen stehend beschäftigt oder müssen häufig gehen (zum Beispiel als Verkäuferin), muss Ihnen eine Sitzgelegenheit zur Verfügung gestellt werden. Als werdende oder stillende Mutter brauchen Sie zudem keine Mehrarbeiten verrichten und auch nicht an Sonn- und Feiertagen arbeiten.

INFO Mutterschutz

6 Wochen vor dem errechneten und 8 Wochen nach dem tatsächlichen Geburtstermin besteht ein Beschäftigungsverbot. Wer Mehrlinge gebiert oder eine Frühgeburt hatte, hat Anspruch auf 12 Wochen nachgeburtliche Mutterschutzfrist.

Solange Sie stillen, haben Sie Anspruch auf bezahlte Freistellung. Sie müssen diese Zeiten weder vor- noch nacharbeiten. Und die Stillzeiten dürfen Ihnen auch nicht auf die Ruhepausen angerechnet werden. Hält Ihr Arbeitgeber die Vorschriften des Mutterschutzgesetzes nicht ein, können Sie dagegen klagen. Dass Sie bei der Einstellung die Schwangerschaft verschwiegen oder sogar geleugnet haben, schwanger zu sein, ist kein Kündigungsgrund.

Hier noch einmal die wichtigsten Arbeitgeberpflichten im Überblick:

• Der Arbeitgeber darf die Mitteilung der Schwangerschaft an Dritte (Kollegen, Betriebsrat) nur dann weitergeben, wenn Sie damit einverstanden sind.

• Wenn Sie schwanger sind oder nach der Entbindung noch stillen, muss der Arbeitgeber bei der Einrichtung und der Unterhaltung des Arbeitsplatzes einschließlich der Maschinen, Werkzeuge und Geräte sowie bei der Regelung der Beschäftigung alle erforderlichen Vorkehrungen und Maßnahmen zum Schutz Ihres Lebens oder Ihrer Gesundheit treffen.

• Bei sitzender Beschäftigung ist für kurze Arbeitsunterbrechungen zu sorgen.

• Bei Beschäftigung im Stehen oder Gehen (Verkäuferin) ist eine Sitzgelegenheit zur Verfügung zu stellen.

• In den letzten sechs Wochen vor der Entbindung ist eine Beschäftigung generell unzulässig, es sei denn, dass Sie als Schwangere sich ausdrücklich zur Arbeitsleistung bereit erklären. Sie können diese Erklärung allerdings jederzeit widerrufen.

- Werdende Mütter dürfen nicht mit schweren körperlichen Arbeiten und mit Arbeiten beschäftigt werden, bei denen sie schädlichen Einwirkungen von gesundheitsgefährdenden Stoffen oder Strahlen, von Staub, Gasen oder Dämpfen, von Hitze, Kälte oder Nässe, von Erschütterungen oder Lärm ausgesetzt sind.

- Für werdende und stillende Mütter ist Fließband- und Akkordarbeit verboten.

- Frauen, die nach ärztlichem Zeugnis in den ersten Monaten nach der Entbindung nicht voll leistungsfähig sind, dürfen nicht zu einer ihre Leistungsfähigkeit übersteigenden Arbeit herangezogen werden.

- Werdende und stillende Mütter dürfen grundsätzlich nicht mit Mehrarbeiten beschäftigt werden.

- Werdende und stillende Mütter dürfen grundsätzlich nicht an Sonn- und Feiertagen beschäftigt werden.

- Auch bei stillenden Müttern gilt das Verbot, sie mit schweren körperlichen oder gesundheitsgefährdenden Arbeiten zu beschäftigen.

- Ihnen ist im Übrigen die erforderliche Stillzeit zur Verfügung zu stellen.

- Alle Arbeitnehmerinnen einschließlich der Auszubildenden genießen Kündigungsschutz während der Schwangerschaft und bis zum Ablauf von vier Monaten nach der Entbindung.

- Darf Ihr Arbeitgeber Sie als Arbeitnehmerin wegen der im Mutterschutz vorgesehenen Beschäftigungsverbote ganz oder teilweise nicht beschäftigen, muss er Ihnen gegebenenfalls Mutterschutzlohn bezahlen.

- Für die Zeit während der letzten sechs Wochen vor der Entbindung bis acht bzw. zwölf Wochen nach der Entbindung und für den Entbindungstag muss der Arbeitgeber gegebenenfalls einen Zuschuss zum Mutterschaftsgeld zahlen.

■ Schutz für schwerbehinderte Arbeitnehmer

Als Schwerbehinderter gelten Sie, wenn der Grad Ihrer Behinderung 50 Prozent oder mehr beträgt. Und als solcher werden Sie durch das Neunte Sozialgesetzbuch (SGB IX) geschützt. Wenn Sie einem Schwerbehinderten gleichgestellt sind, dann schützt das Gesetz Sie ebenfalls. Sie dürfen wegen Ihrer Behinderung vom Arbeitgeber nicht benachteiligt werden (§ 81 Absatz 2 Satz 1 SGB IX und § 7 AGG).

Die beruflichen Interessen der Schwerbehinderten werden durch die Integrationsämter vertreten. Das sind staatliche Einrichtungen, die von den Integrationsfachdiensten unterstützt werden. Sie sind zuständig für alle arbeitsrechtlichen Fragen, die schwerbehinderte Arbeitnehmer betreffen. Hier erhalten Sie auch Information und Beratung, zum Beispiel bei Konflikten mit Kollegen und Vorgesetzten.

INFO Grad der Behinderung
Wie hoch der Grad der Behinderung ist, wird durch die Versorgungsämter oder – wenn die gesetzliche Unfallversicherung zuständig ist – durch die Berufsgenossenschaften festgestellt.

Der wohl wichtigste Schutzmechanismus für schwerbehinderte Arbeitnehmer ist neben dem besonderen Kündigungsschutz (§§ 85 ff. SGB IX) der Anspruch auf 5 zusätzliche Urlaubstage im Jahr (§ 125 SGB IX). Wenn Sie regelmäßig mehr oder weniger als 5 Tage in der Woche arbeiten, erhöht oder vermindert sich der Zusatzurlaub entsprechend. Darüber hinaus haben Sie Anspruch auf eine behindertengerechte Ausstattung Ihres Arbeitsplatzes (§ 81 Abs. 4 SGB IX). Wenn Sie befürchten, dass Sie deswegen den Arbeitsplatz nicht er- oder behalten, können Sie Ihren Arbeitgeber darauf aufmerksam machen, dass die Kosten

möglicherweise von den Integrationsfachdiensten übernommen werden. Als Schwerbehinderter müssen Sie zudem keine Mehrarbeit leisten (§ 124 SGB IX).

Wenn Sie als schwerbehinderter Arbeitnehmer auf das Angebot Ihres Arbeitgebers eingehen, das Arbeitsverhältnis mit einem Aufhebungsvertrag zu beenden, dann gilt das. Der besondere Kündigungsschutz wurde – mit Ihrem Einverständnis – ausgehebelt. Aber: Sie müssen Ihre besonderen Kündigungsschutzrechte gekannt haben. Wenn Sie sie nicht kannten, ist der Aufhebungsvertrag unwirksam.

◼ Auch Ihr Arbeitgeber muss sich nicht alles gefallen lassen

Wer die üblichen zwischenmenschlichen Regeln im Arbeitsleben außer Acht lässt, dem kann unter bestimmten Umständen gekündigt werden. In besonders drastischen Fällen sogar fristlos und ohne vorherige Abmahnung.

Machen Sie als Arbeitnehmer Ihren Arbeitgeber in der Öffentlichkeit, zum Beispiel im Internet, schlecht, kann er Ihnen kündigen, weil Sie den Betriebsfrieden stören. Jeder hat zwar das Recht auf freie Meinungsäußerung, die findet ihre Grenzen aber wiederum in den Grundregeln des Arbeitsverhältnisses. Auch auf Betriebsfesten müssen sich Vorgesetzte keine groben Schimpfwörter gefallen lassen: Wer seinen Chef als „A…loch" bezeichnet, den entschuldigt es nicht, dass die Beleidigung bei einem Betriebsfest zu vorgerückter Stunde (und wahrscheinlich alkoholisiert) geschah. Der Arbeitgeber darf einen solchen Mitarbeiter fristlos und ohne vorherige Abmahnung kündigen.

Aus betriebsinternen Chefbeleidigungen kann der Vorgesetzte aber in der Regel keine Konsequenzen ziehen. Nur wenn Sie den Vorgesetzten oder das Unternehmen außerhalb des Betriebs „madig" machen, können Sie gefeuert werden. Wenn Sie dagegen den Vorgesetzten im Kollegenkreis beschimpfen, kann Ihnen nicht gekündigt werden. Voraussetzung:

Sie konnten davon ausgehen, dass Ihre Beleidigungen von den Kollegen nicht an die Vorgesetzten gepetzt werden.

Schwere Pflichtverstöße brauchen ebenfalls nicht erst abgemahnt werden. So muss es sich ein Unternehmer nur einmal gefallen lassen, dass ein Mitarbeiter eine ihm aufgetragene zumutbare Arbeit ablehnt, Vorgesetzte persönlich beleidigt (Halsabschneider, Gauner) und sich auch außerhalb des Betriebs geschäftsschädigend äußert.

Doch nicht nur die Herabsetzung von Vorgesetzten birgt die Gefahr, plötzlich auf der Straße zu stehen. Auch wer sich über ausländische Kollegen herabsetzend äußert und verletzende Skizzen fertigt, kann fristlos gekündigt werden – selbst gegen den Willen des Betriebsrats. Sogar Auszubildende können wegen Ausländerhetze am Arbeitsplatz fristlos gekündigt werden.

Das Ende der Beziehung: Kündigung und Co.

Die gute Nachricht zuerst: „Hire and fire" ist in Deutschland aufgrund des Kündigungsschutzes nicht möglich. Das hat allerdings dazu geführt, dass tendenziell immer mehr Arbeitsverhältnisse befristet werden, und auch dazu, dass manche Arbeitgeber dann, wenn Arbeitnehmer gekündigt werden sollen, nicht immer zu „vornehmen" Mitteln greifen. Das merken Sie meist daran, dass Sie unerwartet abgemahnt werden oder dass Betriebsteile outgesourct und Standorte verlagert werden sollen. Im Folgenden erfahren Sie, welche Möglichkeiten Sie haben, sich gegen ungerechtfertigte Abmahnungen zu wehren. Und Sie erfahren auch, ob Sie etwas gegen Oursourcing beziehungsweise einen Betriebsübergang tun können und sollten.

Die Abmahnung: Geben Sie Ihrem Arbeitgeber keinen Anlass

Eine Abmahnung muss Ihnen zugehen und Sie müssen vom Inhalt der Abmahnung tatsächlich Kenntnis nehmen können. Ist dies nicht der Fall, ist die Abmahnung unwirksam. Durch die Abmahnung wird dem Arbeitgeber die Möglichkeit genommen, wegen des oder der gerügten Vorfälle eine Kündigung auszusprechen. Mit Ausspruch der Abmahnung ist für diesen Fall das Kündigungsrecht verwirkt. Umgekehrt kann der Arbeitgeber aber eine Abmahnung aussprechen, wenn sich eine Kündigung als unwirksam herausstellt.

■ Gründe für eine Abmahnung

Bei einer Abmahnung beanstandet der Arbeitgeber das objektiv vertragswidrige Verhalten eines Arbeitnehmers. Er weist den Arbeitnehmer zudem darauf hin, dass im Wiederholungsfall der Inhalt oder Bestand des Arbeitsverhältnisses gefährdet ist. Ihr Arbeitgeber kann Sie abmahnen

• bei Verstößen gegen die vertraglichen Hauptpflichten aus dem Einzelarbeitsvertrag, zum Beispiel bei Arbeitsverweigerung;

• bei Verstößen gegen die Nebenpflichten, zum Beispiel dem Nichtbeachten von Arbeitsschutzvorschriften;

• bei Verstößen gegen die kollektive Ordnung, zum Beispiel dem Übertreten eines betrieblichen Alkoholverbots.

Der Arbeitgeber kann frei entscheiden, ob und welche Verstöße des Arbeitnehmers er abmahnt (BAG, Urteil vom 13.11.1991 – 5 AZR 74/91), aber er muss den Grundsatz der Verhältnismäßigkeit beachten. Das bedeutet: Er darf nicht mit Kanonen auf Spatzen schießen. Zudem gibt es keine Frist, innerhalb welcher der Arbeitgeber eine Abmahnung aussprechen muss (BAG vom 15.1.1986 – 5 AZR 70/84). Auch eine mündliche Abmahnung ist gültig. Wegen der Beweiskraft wird eine Abmahnung aber meist schriftlich erteilt.

Die Folgen einer Abmahnung

Eine Abmahnung dient dann, wenn einem Arbeitnehmer gekündigt werden soll, der sich auf das Kündigungsschutzgesetz berufen kann, zur Vorbereitung einer verhaltensbedingten Kündigung. Sie verfällt nicht, aber Sie können sich darauf berufen, dass eine vorherige Abmahnung nicht mehr wirksam ist, wenn der Arbeitgeber nach der Abmahnung Ihr Verhalten, ohne Sie nochmals zu rügen, hinnimmt und keine der angedrohten Konsequenzen zieht. Bei Störungen im Vertrauensbereich, zum Beispiel bei Unterschlagungen oder Diebstählen, Krankfeiern, Beleidigen von Vorgesetzten und Mitarbeitern oder ausländerfeindlichen Parolen sowie Übergriffen, kann der Arbeitgeber Ihnen auch ohne vorherige Abmahnung fristlos kündigen. Bei Störungen im Leistungsbereich dagegen darf er Ihnen nur dann ordentlich oder fristlos kündigen, wenn er Sie vor der Kündigung mindestens einmal vor nicht allzu langer Zeit wegen eines gleichartigen Verstoßes abgemahnt hat. Das gilt unter anderem für das Zuspätkommen, die fehlerhafte Arbeitsausführung sowie das Übertreten eines Alkohol- oder Rauchverbots.

Für eine Abmahnung gibt es gibt keine Formvorschriften. Grundsätzlich könnte der Arbeitgeber Sie also auch mündlich abmahnen. In solchen Fällen wird er sich bemühen, einen Zeugen zu haben, da die Abmahnung sonst kaum nachweisbar ist. Eine schriftliche Abmahnung oder ein Protokoll über eine erteilte mündliche Abmahnung werden zu Ihrer Personalakte genommen. Ist die Abmahnung zu Unrecht ergangen, haben Sie Anspruch darauf, dass sie wieder aus Ihrer Personalakte entfernt wird. Neben dem Recht zur Gegendarstellung haben Sie als Mitarbeiter noch ein Beschwerderecht (§ 84 BetrVG). Hat Ihr Unternehmen einen Betriebsrat, können Sie sich auch dort beschweren (§ 85 BetrVG). Ist Ihre Beschwerde berechtigt, wird der Betriebsrat beim Arbeitgeber auf eine Abhilfe der Beschwerde hinwirken.

Gut zu wissen: Der Arbeitgeber trägt die Beweislast für die Abmahnung. Bestreiten Sie im Prozess die vorgeworfenen Verfehlungen, so muss er sie beweisen. Deshalb lassen sich viele Arbeitgeber die inhaltliche Richtigkeit der Abmahnung

---

TIPP Besser spät als nie

Wenn Sie sich nicht gleich gegen eine Abmahnung gewehrt haben und es kommt zur Kündigung, dann können Sie sich immer noch in einem späteren Kündigungsschutzprozess über die Abmahnung beschweren. Dann muss der Arbeitgeber beweisen, dass die Abmahnung zu Recht erging.

schriftlich vom Arbeitnehmer bescheinigen. Dies kann durch eine Übergangsbestätigung erfolgen, die meist wie folgt lautet: „Ich bestätige, die Abmahnung vom ... am ... erhalten zu haben. Die in der Abmahnung geschilderten Vorfälle sind inhaltlich zutreffend." Kommt es danach zu einer Kündigung, können Sie als Arbeitnehmer die damaligen Vorfälle nicht mehr bestreiten.

Sie können von Ihrem Arbeitgeber wegen einer Abmahnung kein Schmerzensgeld verlangen, auch dann nicht, wenn die Abmahnung zu Unrecht erfolgt ist. Es gäbe andere Möglichkeiten, um das erlittene Unrecht zu beseitigen, beispielsweise ganz einfach die Entfernung der Abmahnung aus der Personalakte, so das Landesarbeitsgericht Köln (LAG Köln, Urteil vom 7.1.1998 – 2 Sa 1014/97).

So wehren Sie sich gegen ungerechtfertigtes Outsourcing und einen Betriebsübergang

Mit dem Begriff Outsourcing wird die Tatsache beschrieben, dass Tätigkeiten, die bislang von firmeneigenen Mitarbeitern erledigt wurden, ausgelagert und auf Fremdfirmen übertragen werden. Von einem Betriebsübergang spricht man dann, wenn ein Betrieb oder ein Betriebsteil durch Rechtsgeschäft, beispielsweise durch Verkauf, auf einen anderen Inhaber übergeht. Mit dem Betrieb gehen auch die Rechte und Pflichten auf das neue Unternehmen über.

■ Erst outgesourct und dann betriebsbedingt gekündigt?

Unter Outsourcing versteht man also die Auslagerung von Unternehmensbereichen auf Fremdanbieter. Beispiele dafür sind:

- Auflösung der Putzkolonne und Verlagerung der Reinigung auf ein Gebäudereinigungsunternehmen

- Auflösung des Fuhrparks und Verlagerung des Transportbereichs auf eine Spedition

- Auflösung des eigenen Buchhaltung und Auslagerung auf Steuerberater

- Auflösung der eigenen Rechtsabteilung und Auslagerung auf eine Rechtsanwaltskanzlei

- Auflösung der eigenen Kantine und Verlagerung auf Fremdanbieter

- Auflösung der EDV-Betreuung und Auslagerung auf Fremddienstleister

- Auflösung der eigenen EDV-Entwicklung und Auslagerung auf fremde EDV-Entwickler

- Auflösung der eigenen Reiseplanungsabteilung und Auslagerung auf Reisebüro

Bei Outsourcing liegt in der Regel kein Betriebsübergang vor. Die Schließung eines Unternehmensbereichs in Verbindung mit der Unmöglichkeit, die davon betroffenen Mitarbeiter in einer anderen Abteilung einzusetzen, stellt damit einen Grund für betriebsbedingte Kündigungen dar. Hier sind aber unter anderem auch die Mitbestimmungsrechte des Betriebsrats zu beachten.

Führt bei einem Dienstleistungsunternehmen der neue Unternehmer jedoch die gleiche Tätigkeit wie die bisherige Abteilung weiter und übernimmt auch freiwillig einen wesentlichen Teil des Personals, dann ist dies als Betriebsübergang zu betrachten. Die Frage, was in diesem Zusammenhang „wesentlich" ist, hängt sowohl von der Zahl als auch von der Sachkunde der übernommenen Mitarbeiter ab. Damit richten sich die Rechte der Mitarbeiter einer outgesourcten Dienstleistungsabteilung nach den Regelungen für einen Betriebsübergang.

Wichtig: Ob Unternehmensbereiche outgesourct oder weiterhin selbst abgedeckt werden, ist eine unternehmerische Entscheidung. Diese darf der Unternehmer frei treffen. Damit bedeutet Outsourcing den Wegfall Ihres bisherigen Arbeitsplatzes, weshalb der Arbeitgeber Sie dann betriebsbedingt kündigen kann. Sie haben keinen Anspruch auf eine Einstellung bei dem Nachfolger. Lediglich im Bereich von Dienstleistungsoutsourcing kann ein Betriebsübergang vorliegen.

■ *Was passiert mit Ihnen bei einem Betriebsübergang?*

Bei einem Betriebsübergang gehen alle Rechte und Pflichten des alten Arbeitgebers auf das neue Unternehmen über. Ein Betriebsübergang ist kein Kündigungsgrund – weder für den neuen noch für den alten Arbeitgeber. Der neue Arbeitgeber übernimmt neben den individuellen Arbeitsverträgen auch Tarifverträge und Betriebsvereinbarungen. Bei den übernommenen Mitarbeitern richtet sich das Arbeitsverhältnis mindestens noch für ein Jahr nach den Tarifbestimmungen, die zum Zeitpunkt des Betriebsübergangs bestanden haben. Nur dann, wenn Sie einer Gewerkschaft angehören, die auch im neuen Betrieb die Tarifverträge abgeschlossen hat, gelten für Sie die Tarifbestimmungen, die Ihre Gewerkschaft mit dem neuen Betrieb ausgehandelt hat. Gut zu wissen:

Für zum Übergangszeitpunkt ausstehenden Lohn haftet der bisherige Arbeitgeber neben dem neuen Inhaber als Gesamtschuldner. Das heißt, wenn der eine nicht bezahlt, muss der andere bezahlen.

Der Unternehmer muss alle betroffenen Arbeitnehmer vor dem Betriebsübergang in Textform, also schriftlich, per Rundschreiben oder via Fax, Internet, Intranet oder E-Mail, von dem Betriebsübergang in Kenntnis setzen (§ 613a BGB). Er muss Sie unterrichten über

• den (geplanten) Zeitpunkt des Übergangs,

• den Grund des Übergangs,

- die rechtlichen, wirtschaftlichen und sozialen Folgen, die der Übergang für Sie als Arbeitnehmer haben wird, und

- die Maßnahmen, die für Sie als Arbeitnehmer in Aussicht genommen werden.

Ist Ihnen die Unterrichtung zugegangen, können Sie dem Übergang innerhalb eines Monats widersprechen – entweder bei dem alten oder dem neuen Arbeitgeber. Die Monatsfrist beginnt ab dem Moment zu laufen, ab dem Sie ordnungsgemäß unterrichtet worden sind. Damit haben Sie quasi ein zeitlich unbeschränktes Widerspruchsrecht, da derzeit noch nicht definiert ist, was als ordnungsgemäße Unterrichtung der Arbeitnehmer gilt. Dass eine Unterrichtung ordnungsgemäß war, muss der Unternehmer beweisen.

TIPP Überlegen Sie sich den Widerspruch gut

Widersprechen Sie dem Betriebsübergang, bleibt Ihr Arbeitsverhältnis mit dem bisherigen Arbeitgeber bestehen. Allerdings müssen Sie der Gefahr ins Auge sehen, dass er für Sie keine Beschäftigungsmöglichkeit (mehr) hat und Ihnen deshalb eine betriebsbedingte Kündigung aussprechen kann.

Wenn Ihnen Ihr Arbeitgeber bei der Bewerbung nicht mitgeteilt hat, dass ein Betriebsübergang bevorsteht, hat er gegen seine Pflicht verstoßen, Sie über Umstände aufzuklären, die für Ihre Entscheidung erheblich sein können. Damit macht er sich Ihnen gegenüber schadensersatzpflichtig.

Ene, mene, muh ...: die „Trennung"

Jeder kann jeden Vertrag, den er geschlossen hat, kündigen – auch den Arbeitsvertrag. Es kommt „nur" darauf an, wie und wann. Sie als Arbeitnehmer haben es in aller Regel leichter, den Arbeitsvertrag zu kündigen als Ihr Arbeitgeber. Das liegt daran, dass Sie nicht nur vom Bürgerlichen Recht, sondern auch vom Arbeitsrecht geschützt werden. Das ist zudem der Grund, weshalb der Arbeitgeber im Rahmen der Kündigung viele Vorschriften beachten muss, die für Sie nicht gelten, wenn Sie Ihre Mitarbeit selbst beenden.

■ Eigenkündigung: Sie wollen nicht mehr

Wenn Sie selbst kündigen, spricht man von einer Eigenkündigung. Je mehr der Arbeitsmarkt ein Arbeitgebermarkt ist, desto geringer ist die Zahl der Eigenkündigungen, weil viele Arbeitnehmer Angst um ihre Stelle haben. Je mehr der Markt ein Arbeitnehmermarkt ist, desto häufiger nutzen Mitarbeiter den Arbeitgeberwechsel, um ihre Karriere zu beschleunigen. Die Kündigung ist eine einseitige Willenserklärung. Das heißt, Sie erklären dem Arbeitgeber gegenüber, dass Sie das Arbeitsverhältnis beenden wollen. Ob Ihr Arbeitgeber mit Ihrer Kündigung einverstanden ist oder nicht, ist völlig gleichgültig, sie ist wirksam. Sie brauchen Ihre Kündigung nicht zu begründen. Natürlich kann Ihr Arbeitgeber „Bleibeverhandlungen" mit Ihnen führen. Die können dann, wenn Sie mit den Bedingungen einverstanden sind, in einen neuen Arbeitsvertrag münden.

Um wirksam zu werden, muss Ihre Kündigung dem Arbeitgeber lediglich zugehen. Achten Sie darauf, dass derjenige, dem gegenüber Sie die Kündigung aussprechen oder Ihr Kündigungsschreiben überreichen, empfangsberechtigt ist. Ganz sicher gehen Sie, wenn Sie beim Chef oder – sofern vorhanden – der Personalabteilung kündigen. Zudem müssen Sie sich an die Fristen für die ordentliche Kündigung halten. Meist sind die Kündigungsfristen für Arbeitnehmer im Arbeitsvertrag vereinbart. Aber auch Betriebsvereinbarungen oder Tarifverträge können Kündigungsfristen für Arbeitnehmer vorsehen. Wenn das alles nicht der Fall ist, dann müssen Sie die

Fristen des Bürgerlichen Gesetzbuchs beachten. Das sind 4 Wochen zum Monatsende oder zur Monatsmitte (§ 622 BGB).

Wurden Sie vorübergehend als Aushilfe eingestellt, kann Ihr Arbeitgeber mit Ihnen in den ersten 3 Monaten eine kürzere Kündigungsfrist vereinbaren. Sie als Arbeitnehmer können diese kürzere Frist dann auch für sich beanspruchen. Hat das Unternehmen, in dem Sie arbeiten, nicht mehr als 20 Arbeitnehmer, kann der Arbeitgeber mit jedem Mitarbeiter vertraglich eine vierwöchige Grundkündigungsfrist ohne festen Kündigungstermin vereinbaren. Während der Probezeit

beträgt die Kündigungsfrist 2 Wochen. Die Probezeit kann länger dauern, die zweiwöchige Kündigungsfrist gilt jedoch höchstens 6 Monate lang.

Wenn Sie einen wichtigen Grund haben, können Sie auch außerordentlich, also fristlos kündigen. Das ist dann der Fall, wenn Ihnen das weitere Verbleiben in der Firma nicht zugemutet werden kann (zum Beispiel hat Ihr Chef Sie vor Ihren Kollegen aufs Übelste beschimpft). Natürlich müssen Sie hier einen Grund für Ihre Kündigung nennen. Denn sollte es zum Streit kommen, muss nachvollziehbar sein, dass es sich wirklich um einen wichtigen Grund gehandelt hat.

TIPP Seien Sie deutlich und klar!

Benennen Sie Ihre Kündigung als Kündigung. Nennen Sie das genaue Datum, zu dem Sie das Arbeitsverhältnis beenden wollen. Sie können beispielsweise am 15. November zum 31. Dezember kündigen, auch wenn Sie eine vierwöchige Kündigungsfrist zum Monatsende unterschrieben haben. Nur am 11. Dezember können Sie nicht mehr zum 31. Dezember kündigen. Kündigungsfristen sind immer Mindestfristen, die Sie einhalten müssen. Nennen Sie keinen klaren Termin, darf der Arbeitgeber davon ausgehen, dass Sie zum nächstmöglichen Termin die Firma verlassen wollen.

Sie können Ihren Arbeitsvertrag nicht teilweise kündigen. Das darf auch Ihr Arbeitgeber nicht. Wenn Sie einen Teil des Arbeitsvertrags kündigen, kündigen Sie automatisch den ganzen Vertrag. Da Sie in diesem Fall eigentlich gar nicht aus der Firma weg wollen, sondern nur

einzelne Regelungen ändern möchten, spricht man von einer Änderungskündigung. Darauf kann Ihr Arbeitgeber eingehen oder auch nicht. Geht er nicht darauf ein, ist Ihr Arbeitsvertrag durch Ihre eigene Kündigung zum nächstmöglichen Termin beendet.

Haben Sie Ihr Arbeitsverhältnis selbst gekündigt, ohne im direkten Anschluss eine andere Arbeitsstelle zu haben, werden Sie beim Arbeitslosengeld zunächst gesperrt. Die Begründung: Sie haben Ihre Arbeitslosigkeit selbst herbeigeführt (sofern Sie keinen guten Grund für Ihre Kündigung hatten). Ihr Anspruch auf Arbeitslosengeld ruht dann für die Dauer der Sperrzeit (§ 144 Abs.1 Satz 2 Nr.1 SGB III). Achtung: Wenn Sie wissen, dass Sie seitens des Arbeitgebers gekündigt werden sollen, können Sie mit ihm zuvor einen Aufhebungsvertrag abschließen. Meist können Sie so bessere Bedingungen und eine höhere Abfindung aushandeln. Der „goldene Handschlag" soll Kündigungsprozesse verhindern. In einem solchen Fall brauchen Sie keine Sperrzeit mehr befürchten (BSG, Urteil vom 12.7.2006 – B 11a AL 47/05 R), Sie erhalten sofort Arbeitslosengeld.

▪ *Kündigung durch den Arbeitgeber: Sie werden nicht mehr gewollt*

Wenn das Unternehmen einen Betriebsrat hat, muss es diesen vor jeder Kündigung hören und ihn dabei umfassend informieren. Hat die Firma keinen Betriebsrat, muss der Unternehmer Sie als betroffenen Arbeitnehmer hören, bevor er eine betriebsbedingte Kündigung ausspricht.

▪ Eine umfassende Information seitens des Arbeitgebers ist notwendig

Der Arbeitgeber darf den Betriebsrat oder den betroffenen Arbeitnehmer nicht einseitig informieren, sondern muss ihm ein Gesamtbild vermitteln. Unterrichtet er beispielsweise den Betriebsrat darüber, dass er Sie als Arbeitnehmer wegen unentschuldigten Fehlens kündigen will und äußert Vermutungen darüber, weshalb Sie fehlen, dann muss er dem Betriebsrat auch die „Kehrseite der Medaille" schildern. Das heißt, er muss auch die Möglichkeiten ansprechen, die gegen seine Vermutung sprechen. Unterlässt er das, kann der Betriebsrat dem Arbeitgeber „in die Parade fahren": Die Frist, innerhalb welcher der Betriebsrat der geplanten Kündigung schriftlich widersprechen kann, die Äußerungsfrist (§ 102 BetrVG), beträgt eine Woche. Sie beginnt erst nach der vollständigen Unterrichtung zu laufen. Selbst wenn der Betriebsrat über die „Buschtrommeln" schon alles weiß: Offiziell ist er erst dann vollständig unterrichtet, wenn der Arbeitgeber oder eine andere Person, die kündigungsberechtigt ist, ihm die Informationen gegeben hat.

Will der Arbeitgeber außerordentlich kündigen, hat er nur zwei Wochen Zeit, um Ihnen als betroffenem Mitarbeiter die Kündigung zuzustellen. Die Frist beginnt ab dem Moment zu laufen, ab dem er oder Ihr unmittelbarer Vorgesetzter Kenntnis von dem wichtigen Grund hatten, der die fristlose Kündigung rechtfertigt. Der Arbeitgeber kann bei einer fristlosen Kündigung jederzeit Gründe nachschieben, die er erst später, also nach der bereits ausgesprochenen Kündigung entdeckt hat. Dabei ist er nicht an die zweiwöchige Mitteilungsfrist gebunden, die sonst bei einer fristlosen Kündigung gilt.

Eine Kündigung ist nur dann wirksam, wenn sie schriftlich erfolgt. Sie darf als einseitige Willenserklärung auch nicht digital (per E-Mail und/oder Internet) übermittelt werden. Viele Tarifverträge sehen die Schriftform für Kündigungen vor. Aber selbst dann, wenn das Unternehmen nicht tarifgebunden ist, muss die Schriftform eingehalten werden. Eine mündlich ausgesprochene Kündigung ist immer unwirksam. Das gilt sowohl für die vom Arbeitnehmer als auch für die vom Arbeitgeber vorgenommene Kündigung. Dieses zwingende Schriftformerfordernis gilt auch bei einer einvernehmlichen Vertragsaufhebung und einer nachträglichen Befristung des Arbeitsvertrags.

Auch wenn Ihr Chef vor Zeugen brüllt: „Sie sind gefeuert!", sind Sie nicht auf die Straße gesetzt worden. Im Gegenteil: Sie müssen Ihre Arbeit fortsetzen, Ihre Arbeitsleistung weiter anbieten. Erst wenn Sie das nicht tun, liefern Sie Ihrem Vorgesetzten einen echten Kündigungsgrund. Oder er wertet Ihre „Arbeitsniederlegung" als Indiz für Ihr Einverständnis mit der Kündigung, insbesondere wenn sie unter Zeugen erfolgte. Eine ganz andere Sache ist, wenn Sie die Arbeit anbieten, Ihr Chef sie aber nicht annimmt. Dann ist er am Zug, die Kündigung ordentlich durchzuführen, und Sie können sich überlegen, was Sie tun.

■ Kündigungsschutzrechte sind nicht abdingbar

Ein Verzicht auf Kündigungsschutz ist nicht möglich. Es darf kein Passus in den Arbeitsvertrag aufgenommen werden, nach dem Sie als Mitarbeiter im Falle einer Kündigung auf eine Kündigungsschutzklage verzichten. Eine solche Klausel ist – selbst wenn sie unterschrieben wurde – bei allen Mitarbeitern (außer bei künstlerisch tätigem Personal an Theatern) unwirksam.

Nur wenn Sie einen Aufhebungsvertrag unterschreiben, verzichten Sie wirksam auf Kündigungsschutzrechte. Wichtig: Kein Mitarbeiter, der einen gültigen Vertrag über die vorzeitige Auflösung des Arbeitsverhältnisses (Aufhebungsvertrag) geschlossen hat, kann die Vereinbarung für unwirksam erklären, weil sie gegen § 17 Kündigungsschutzgesetz (KSchG) verstößt. § 17 KSchG verlangt, dass Massenentlassungen dem Arbeitsamt angezeigt werden. Der Unternehmer muss bei Abschluss des Aufhebungsvertrags auch nicht darauf hinweisen, dass er wahrscheinlich einen Sozialplan abschließen wird, in dem für den betreffenden Mitarbeiter möglicherweise eine höhere Abfindung „rausspringen" würde. Nur wenn Sie als Arbeitnehmer Ihren Arbeitgeber direkt nach solchen Plänen befragen würden, müsste er Ihnen wahrheitsgemäß antworten.

Ein Aufhebungsvertrag muss schriftlich geschlossen werden, damit er gültig ist (§ 623 BGB). Doch Vorsicht: Wenn Sie einen Aufhebungsvertrag unterschreiben, haben Sie Ihre mögliche anschließende Arbeitslosigkeit – zumindest in den Augen der Agentur für Arbeit – „selbst verschuldet" und müssen deshalb hinsichtlich des Arbeitslosengeldes mit der zwölfwöchigen Sperrzeit rechnen. Es sei denn, Sie kommen damit der Kündigung durch den Arbeitgeber zuvor.

WICHTIG Die Auffanggesellschaft

Wenn Sie in eine „Auffanggesellschaft" wechseln, verzichten Sie ebenfalls auf Ihre Kündigungsrechte. So soll Kündigungsschutzklagen vorgebeugt werden, damit ein Investor die – häufig insolvente oder von der Pleite bedrohte – Firma „retten" kann.

■ Ihr Arbeitgeber muss Gründe für die Kündigung haben, sie aber nicht nennen

Wenn das Unternehmen mehr als 10 Vollarbeitszeitkräfte beschäftigt, braucht der Arbeitgeber einen Grund für die Kündigung, mit der er das Arbeitsverhältnis beenden will. Dieser Grund kann auch so gewichtig sein, dass er sogar für eine fristlose Kündigung ausreicht. Soll das Arbeitsverhältnis nicht beendet werden, sondern unter geänderten Bedingungen weiterbestehen, müssen Sie einer Änderung Ihres bestehenden Arbeitsvertrags zustimmen. Tun Sie das nicht, kann der Arbeitgeber eine sogenannte Änderungskündigung aussprechen.

Gut zu wissen: Die Abgrenzung zwischen Kleinbetrieb und Betrieb hat sich zuletzt zum 1.1.2004 geändert. Aktuell liegt die Grenze bei rechnerischen 10 Mitarbeitern. Bis zum 1.1.2004 lag sie bei nicht mehr als 5 Arbeitnehmern. Das führt dazu, dass nun in ein und demselben Betrieb ein unterschiedlicher Kündigungsschutz gelten kann. Die Grenze von 10 Mitarbeitern gilt nämlich nur für die Arbeitnehmer, die ab dem 1.1.2004 neu eingestellt worden sind. Dabei zählen Teilzeitkräfte nur prozentual, Lehrlinge gar nicht. Aber Sie als Mitarbeiter, dem gekündigt werden soll, zählen zur aktuellen Arbeitnehmerschaft, sofern Sie länger als 6 Monate bei Ihrem Arbeitgeber beschäftigt waren.

Der Arbeitgeber muss Ihnen im Kündigungsschreiben seine Gründe für die Kündigung nicht nennen. Wenn er sie aber nennt, muss er sich daran festhalten lassen. Reicht der genannte Kündigungsgrund nicht aus, kann der Arbeitgeber in der Regel keine Gründe nachschieben. Hat das Unternehmen, bei dem Sie beschäftigt sind, einen Betriebsrat, kann der Arbeitgeber definitiv keine weiteren Kündigungsgründe nennen als die, zu denen er den Betriebsrat gehört hat.

Aber auch wenn der Arbeitgeber die Gründe nicht nennt, haben Sie ein Recht darauf, die Gründe zu erfahren. Spätestens in der Verhandlung vor dem Arbeitsgericht muss er sie offenlegen. Dort wird dann darüber befunden, ob die Kündigungsgründe für eine ordentliche oder sogar eine außerordentliche Kündigung ausreichen. Als Gründe kommen im Wesentlichen drei Gruppen in Betracht:

1. Betriebsbedingte Gründe, beispielsweise bei Stilllegungen

2. Personenbedingte Gründe, beispielsweise bei Krankheit

3. Verhaltensbedingte Gründe, beispielsweise bei ausländerfeindlichen oder rassistischen Äußerungen und/oder Schlägereien

Werden betriebsbedingte Kündigungen ausgesprochen, muss der Arbeitgeber eine Sozialauswahl unter den betroffenen Arbeitnehmern treffen. Die Kündigungen müssen also sozial gerechtfertigt sein. Dabei kommt es zunächst auf folgende drei Kriterien an:

• Dauer der Betriebszugehörigkeit,

• Lebensalter,

• Unterhaltspflichten des Arbeitnehmers

Außerdem muss der Arbeitgeber, bevor er im „größeren Stil" kündigen kann, die Berücksichtigung von Sozialauswahlgesichtspunkten wie Berufskrankheiten oder Schwerbehinderungen nachweisen. Darüber hinaus gibt es für den Arbeitgeber zahlreiche Kündigungshindernisse. Von Gesetzes wegen können Arbeitgeber beispielsweise nicht oder nur erschwert kündigen bei:

• Schwerbehinderung,

• Mutterschutz,

• Elternzeit,

• freiwilligem Wehrdienst,

• einem Ausbildungsverhältnis,

• Betriebratszugehörigkeit.

TIPP Bundesfreiwilligendienst

Für den freiwilligen Wehrdienst gilt wie für den früheren Wehrdienst der Sonderkündigungsschutz. Wer freiwillig Zivildienst leistet, kann sich dagegen nicht auf das Arbeitsplatzschutzgesetz berufen. Er kann vom Arbeitgeber gekündigt werden und hat keinen Anspruch auf Wiedereinstellung, wenn sein Bundesfreiwilligendienst beendet ist.

Tarifverträge sehen oftmals vor, dass ältere Mitarbeiter nach langjähriger Beschäftigung nicht gekündigt werden können. In solchen Fällen ist eine Kündigung nur dann mach- und durchsetzbar, wenn wirklich schwere verhaltensbedingte Gründe zu einer (fristlosen) Kündigung berechtigen. Hinzu kommt, dass bei verhaltensbedingten Kündigungen der Arbeitnehmer vorher zumindest einmal wegen eines gleichartigen Pflichtverstoßes abgemahnt worden sein muss.

Will Ihr Arbeitgeber betrieblich notwendige Änderungen einführen, die er per Direktionsrecht nicht durchsetzen kann, bietet er Ihnen einen neuen Arbeitsvertrag an. Sie können dieses neue Angebot uneingeschränkt beziehungsweise mit dem Vorbehalt der gerichtlichen Überprüfung annehmen oder ganz ablehnen. Lehnen Sie ab, kann der Arbeitgeber Ihnen kündigen (Änderungskündigung). Dann gelten dieselben Regeln wie bei der Kündigung, mit der das Arbeitsverhältnis endet – vor allem bezüglich der Fristen.

■ Die Kündigung muss Ihnen zugehen

Wenn Ihr Arbeitgeber sich auf eine Kündigung berufen will, muss er nachweisen können, dass Ihnen die Kündigung zugegangen ist. Das heißt, dass die Kündigung entweder unter Zeugen (direkt an Sie) übergeben wird oder unter Zeugen als Brief in Ihren (erkennbar nicht „toten") Briefkasten eingeworfen wird. Eine weitere Möglichkeit: Der Arbeitgeber lässt sich den Empfang des Kündigungsschreibens von Ihnen quittieren.

Dabei muss der Arbeitgeber auch nachweisen können, dass tatsächlich ein Schreiben in dem Umschlag war und dass es sich bei dem Schreiben, das in dem Umschlag steckte, um das Kündigungsschreiben gehandelt hat. Hier genügt meistens ein Zeugenbeweis etwa in folgendem Ablauf: Ein Vorgesetzter hat das Kündigungsschreiben diktiert, eine Sekretärin hat es geschrieben, eine andere Sekretärin und der Chef haben es nochmals Korrektur gelesen. Dann hat die eine Sekretärin im Beisein der anderen genau dieses nunmehr unterschriebene Dokument in einen korrekt adressierten Umschlag gesteckt und diesen unter Aufsicht in einen Briefkasten geworfen.

Gut zu wissen: Wenn der Arbeitgeber ein Kündigungsschreiben in den Briefkasten wirft, darf er davon ausgehen, dass der Brief am nächsten Tag zugestellt ist. Dann beginnt für Sie auch die Frist für die Kündigungsschutzklage. Dasselbe gilt für Briefe, die per Einschreiben verschickt worden sind. Wird der Kündigungsbrief hingegen unter der Tür der Mitarbeiterwohnung hindurch geschoben, ist Ihnen die Kündigung nicht unbedingt zugegangen. Denn wenn Sie in Urlaub sind und das Kündigungsschreiben erst nach Ihrer Rückkehr vorfinden, haben Sie Anspruch auf eine

Fristverlängerung, wenn die Frist für die Kündigungsschutzklage zu diesem Zeitpunkt schon abgelaufen sein sollte. Eine mündliche Kündigung gilt als sofort zugegangen. Das gilt auch für eine mündliche Kündigung per Telefon. Soll der Zugang an einem Sonntag oder Feiertag wirksam erfolgen, muss der Arbeitgeber einen besonderen Zustellweg wählen. Die „normale" Post genügt hier nicht, da diese Tage zustellungsfrei sind.

Wenn das Kündigungsschutzgesetz greift, kann der gekündigte Mitarbeiter innerhalb von 3 Wochen seit Zugang der Kündigung Klage erheben. Diese Frist ist eine sogenannte Ausschlussfrist. Das heißt: Versäumen Sie als der Gekündigte diese Frist, können Sie keine Kündigungsschutzklage mehr erheben.

■ Auch Arbeitgeber müssen Kündigungsfristen einhalten

Eine ordentliche Kündigung kann nur fristgemäß ausgesprochen werden. Außerordentliche Kündigungen dagegen können auch fristlos ausgesprochen werden. Die gesetzliche Kündigungsfrist – die Grundfristen sowie die verlängerten Fristen – gilt nur, wenn kein Tarifvertrag oder kein Einzelvertrag abweichende Regelungen enthält. Aufgrund der jeweiligen Betriebszugehörigkeit können darüber hinaus verlängerte Fristen gelten. Diese sind aber nur für den Arbeitgeber relevant.

Betriebszugehörigkeit in Jahren (über 25 Jahre alte Mitarbeiter)	Kündigungsfrist nach § 622 Abs. 2 BGB
2	1 Monat zum Monatsende
5	2 Monate zum Monatsende
8	3 Monate zum Monatsende
10	4 Monate zum Monatsende
12	5 Monate zum Monatsende
15	6 Monate zum Monatsende
20	7 Monate zum Monatsende

Bei besonderen Arbeitnehmergruppen wie Schwangeren, Müttern oder Betriebsratsmitgliedern gelten besondere Kündigungsfristen – oft auch kombiniert mit Kündigungsverboten während eines bestimmten Zeitraums.

■ Die personenbedingte Kündigung

Eine personenbedingte Kündigung ist einer der drei Gründe, die auch bei bestehendem Kündigungsschutz den Arbeitgeber berechtigen, einen Mitarbeiter zu kündigen. Eine personenbedingte Kündigung bedeutet, dass der Arbeitnehmer eine „Störquelle" für den Betrieb darstellt.

Die Grenzziehung zwischen personenbedingter und verhaltensbedingter Kündigung ist oft schwierig, aber entscheidend! Das „Zünglein an der Waage" ist die Frage, ob die primäre Störquelle vom Willen des Arbeitnehmers abhängig ist oder nicht. Bei einer personenbedingten Kündigung darf die Störung nicht vom Verhalten

(Willen) des Arbeitnehmers abhängig sein. Folglich kann der Arbeitgeber Sie auch nicht abmahnen. Der häufigste Grund für eine personenbedingte Kündigung sind Krankheiten des Arbeitnehmers. Dabei kann der Arbeitnehmer entweder nur kurz, aber häufig arbeitsunfähig krank sein oder eine Langzeiterkrankung haben.

Ihr Arbeitgeber kann Sie also kündigen, wenn Sie dauerhaft arbeitsunfähig im arbeitsrechtlichen Sinn sind. Das gilt auch dann, wenn Sie von Ihrer Rentenversicherung die Rente wegen Erwerbsunfähigkeit nur befristet bezahlt bekommen, da damit gerechnet wird, dass die Erwerbsunfähigkeit in absehbarer Zeit behoben wird. Die Kündigung ist zulässig, weil Arbeitsunfähigkeit und Erwerbsunfähigkeit „zweierlei Paar Stiefel" sind und jemand, der wieder erwerbsfähig ist, dennoch weiterhin arbeitsunfähig sein kann.

Ist ein Arbeitnehmer über drei Jahre lang krank, kann ihm gekündigt werden. Und zwar auch dann, wenn die Arbeitsunfähigkeit auf einem Arbeitsunfall beruht. In einem solchen Fall ist der Arbeitgeber nicht verpflichtet, ihm einen Arbeitsplatz freizuhalten. Auch nicht durch innerbetriebliche Versetzung.

Weitere Gründe für eine personenbedingte Kündigung seitens des Arbeitgebers können sein:

- Fehlende Eignung oder Qualifikation für den Arbeitsplatz

- Erhebliche Minderung der Arbeitsleistung

- Inhaftierung

- Alkoholbedingte Fehlzeiten, sofern diese auf Alkoholismus (Krankheit) zurückzuführen sind

Damit eine personenbedingte Kündigung Bestand hat, muss der Arbeitgeber eine negative Prognose aufstellen können. Das heißt, er muss darlegen, dass auch in Zukunft mit Arbeitsstörungen wegen der Krankheit gerechnet werden muss. Um die negative Prognose zu stützen, reicht es zunächst, dass der Arbeitgeber die Krankheitszeiten auflistet. Sie als Arbeitnehmer können die negative Prognose bestreiten. Dazu müssen Sie aber Ihrem Arzt erlauben, über Ihre Krankheit auszusagen, wenn Sie keine anderen entkräftenden Umstände ins Feld führen können. Darüber hinaus müssen die häufigen Fehlzeiten respektive die Ungewissheit der Rückkehr an den Arbeitsplatz zu Störungen im Betriebsablauf oder zu hohen Folgekosten, zum Beispiel für Lohnfortzahlung, führen.

Die Kündigung ist jedoch immer das letzte Mittel. Das heißt, der Arbeitgeber muss darlegen, dass er eine Kündigung nicht vermeiden kann, weil ihm Maßnahmen, wie eine Versetzung, entweder nicht möglich (zum Beispiel weil er den Betrieb verkauft hat) oder unzumutbar (etwa weil die Maßnahmen verhältnismäßig teuer wären) sind.

Bei der personenbedingten Kündigung müssen die Interessen von Arbeitgeber und Arbeitnehmer gegeneinander abgewogen werden. Dabei finden folgende Gesichtspunkte Berücksichtigung:

- Sind dem Arbeitgeber weitere Überbrückungsmaßnahmen zumutbar?

- Liegt der Umfang der Lohnfortzahlungszeiten knapp oder deutlich über 6 Wochen im Jahr?

- Wie lange war das Arbeitsverhältnis ungestört?

- Wie hoch sind die möglichen (Zusatz-) Kosten einer Personalreserve, die bei Erkrankung dieses Arbeitnehmers einspringen kann?

- Worauf ist die Arbeitsunfähigkeit zurückzuführen (auf eine Krankheit, eine Alkoholfahrt, eine Sportverletzung, einen Betriebsunfall)?

- Wie lange gehört der Mitarbeiter schon dem Betrieb an? Wie alt ist er? Hat er Unterhaltsverpflichtungen (Ehepartner, Kinder)? Wie sind seine sonstigen persönlichen Verhältnisse?

WICHTIG **Der Chef ist nicht der bessere Arzt**
Der Arbeitgeber kann Ihnen keine Heilmethode vorschreiben. Wenn allerdings der von Ihnen gewählte Weg nicht zu einer Besserung Ihres Gesundheitszustandes führt, kann er Ihnen aus personenbedingten Gründen ordentlich kündigen. Bei personenbedingten Kündigungen hat der Richter einen großen Beurteilungsspielraum. Der Ausgang eines solchen Verfahrens ist daher nur selten vorherzusagen.

■ Die verhaltensbedingte Kündigung

Eine verhaltensbedingte Kündigung ist der zweite Grund, der auch bei bestehendem Kündigungsschutz den Arbeitgeber berechtigt, einem Mitarbeiter zu kündigen. Dabei muss der Arbeitnehmer gegen arbeitsvertragliche Pflichten in einer Weise verstoßen haben, die das Arbeitsverhältnis beeinträchtigt. Ist der Pflichtverstoß gravierend, kann dem Arbeitnehmer auch ohne Einhaltung einer Frist und ohne vorherige Abmahnung gekündigt werden (siehe Seite 129).

Wenn verhaltensbedingt gekündigt werden soll, muss der Arbeitnehmer den Pflichtverstoß verschuldet haben. Ein vorsätzlicher Verstoß gegen die Pflichten aus dem Arbeitsvertrag ist immer verschuldet.

Aber auch Fahrlässigkeit begründet ein Verschulden. Die Schwere des vertragswidrigen Verhaltens spielt hingegen keine Rolle. So genügt es beispielsweise, wenn Sie öfter einmal die Mittagspause überziehen oder verbotenerweise privat telefonieren. Wurden Sie deswegen wirksam abgemahnt, genügt ein einziger weiterer „kleiner" Verstoß in diese Richtung, damit Ihnen gekündigt werden kann.

Wichtig ist, dass Ihr Fehlverhalten betriebliche Auswirkungen hat. Es ist kein Kündigungsgrund, wenn Sie privat einen lockeren oder (vermeintlich) unsittlichen Lebenswandel führen. Auch wenn Sie privat rasen und fortwährend Knöllchen kassieren oder sich in (verbotenen) politischen Zirkeln betätigen, ist dies kein Kündigungsgrund. Ausnahme: Sie arbeiten in einem sogenannten Tendenzbetrieb, wie einer kirchlichen, politischen oder gewerkschaftlichen Einrichtung. Hier kann Ihr außerbetriebliches Verhalten auch ohne konkrete Auswirkungen auf das Arbeitsverhältnis für eine Kündigung „gut" sein. Beispiel: Sie arbeiten in einer katholischen Einrichtung und wollen als Geschiedener wieder heiraten.

Eine verhaltensbedingte Kündigung wird von den Arbeitsgerichten in aller Regel nur dann anerkannt, wenn der Arbeitnehmer zuvor wirksam vom Arbeitgeber abgemahnt worden ist. Dann kann die Kündigung auch fristlos erfolgen, wenn in der Abmahnung diese Sanktion angedroht wurde. Eine Abmahnung ist nicht nötig, wenn das Fehlverhalten so groß ist, dass das Vertrauensverhältnis zwischen Arbeitgeber und Arbeitnehmer ernsthaft und dauerhaft gestört ist. Das ist beispielsweise bei Diebstahl, Unterschlagung, Mord oder Mordversuch, aber auch bei ausländerfeindlichen Hetzparolen oder groben Beleidigungen in der Öffentlichkeit der Fall. Hier erfolgt die Kündigung ebenfalls fristlos.

WICHTIG Ihr Wille zählt

Kann der Arbeitgeber darlegen, dass Sie weder willens noch in der Lage sind, sich vertragsgerecht zu verhalten, kann er ebenfalls auf eine Abmahnung verzichten und dennoch kündigen.

Im Wesentlichen gibt es folgende Konstellationen für eine verhaltensbedingte Kündigung:

- Mängel im Leistungsbereich, das heißt Schlecht- oder Fehlleistung des Arbeitnehmers

- Verstöße gegen die betriebliche Ordnung (zum Beispiel bei Rauch- oder Alkoholverbot)

- Störungen im personellen Vertrauensbereich zwischen Arbeitnehmer und Arbeitgeber (zum Beispiel bei Vollmachtsmissbrauch, Begehung von Straftaten)

- Verletzung von arbeitsvertraglichen Nebenpflichten (zum Beispiel Konkurrenztätigkeit, Verstoß gegen Geheimhaltungspflichten, ordnungswidrige Krankmeldungen)

Es ist zudem zulässig, dass einem Arbeitnehmer wegen des Verdachts der Begehung einer Straftat gegenüber dem Arbeitgeber gekündigt wird.

Wie bei der verhaltensbedingten Kündigung gilt auch hier: Die Kündigung ist immer das letzte Mittel. Das heißt, sie wird vor einem Arbeitsgericht nur dann Bestand haben, wenn der Arbeitgeber nachweisen kann, dass ihm keine andere Möglichkeit bleibt, wobei die Interessen von Arbeitgeber und Arbeitnehmer gegeneinander abgewogen werden.

■ Die betriebsbedingte Kündigung

Neben personen- und verhaltensbedingter Kündigung ist die betriebsbedingte Kündigung der letzte der drei Gründe, die auch bei bestehendem Kündigungsschutz den Arbeitgeber berechtigen, einen Mitarbeiter zu kündigen. Sie ist immer dann zulässig, wenn der Arbeitgeber keine Möglichkeit hat, den Arbeitnehmer an seinem ursprünglichen Arbeitsplatz weiter zu beschäftigen. Dazu reicht es schon, dass zu dem Zeitpunkt, zu dem gekündigt wird, der Arbeitgeber mit hoher Wahrscheinlichkeit keine Arbeit mehr für den fraglichen Arbeitnehmer haben wird, wenn die Kündigungsfrist abgelaufen ist.

Ist geplant, den Betrieb, in dem Sie beschäftigt sind, stillzulegen, dann genügt es, wenn Ihr Arbeitgeber zum Zeitpunkt

Ihrer Kündigung (und der Ihrer Kollegen) ernsthaft und endgültig zur Stilllegung entschlossen war und er folglich mit hoher Wahrscheinlichkeit nicht mehr in der Lage sein wird, Sie zu beschäftigen, wenn die Kündigungsfrist abgelaufen ist.

Unterscheiden Sie, ob Ihr Arbeitgeber Ihnen aus außerbetrieblichen oder aus innerbetrieblichen Gründen betriebsbedingt kündigt. Führt er außerbetriebliche Gründe für die betriebsbedingte Kündigung ins Feld, zum Beispiel einen Umsatz- oder Auftragsrückgang, dann muss der Arbeitgeber diese Behauptung durch Bilanzen, Quartalsberichte, Auftragseingänge, Auftragsstornierungen, Ausgaben und Entwicklungen in den vergangenen Jahren nachweisen. Eine vorübergehende saisonale Schwankung ist nämlich kein Grund für eine Kündigung. Die Unterlagen müssen detailliert sein. Allgemeines Wischi-Waschi, Zeitungsausschnitte über die schlechte Lage der Branche oder ein Kurzattest des betrieblichen Steuerberaters reichen nicht. Des Weiteren muss der Arbeitgeber belegen können, warum gerade Ihr Arbeitsplatz entfallen soll. Dabei müssen Sie allgemeine Floskeln wie etwa Personalkostenabbau nicht akzeptieren. Denn mit dieser Begründung könnte jedem Arbeitnehmer im Betrieb gekündigt werden.

Bei den innerbetrieblichen Ursachen dagegen ist die freie Unternehmerentscheidung zu beachten. Mit anderen Worten: Wie Ihr Arbeitgeber sein Unternehmen organisiert, ist ausschließlich seine Sache. Damit ist auch ein Personalabbau einzig und allein eine unternehmerische Entscheidung: Wenn der Arbeitgeber einigen seiner Mitarbeiter kündigt, weil in seinem Unternehmen Arbeitsplätze eingespart werden sollen, dann können Sie als Arbeitnehmer nicht gegen die Entscheidung als solche vorgehen. Allerdings sind die Kündigungen daraufhin zu überprüfen, ob die soziale Auswahl richtig getroffen wurde. Im Rahmen von Umorganisationen kann Ihr Arbeitgeber Sie auch entlassen, wenn Sie „eigentlich" unkündbar sind. Voraussetzung dafür ist, dass Ihr Arbeitsplatz wegfällt und eine andere Beschäftigung im Betrieb nicht möglich ist. Muss der Arbeitgeber Insolvenz anmelden und werden deshalb Mitarbeiter entlassen, gelten die allgemeinen Regeln über eine betriebsbedingte Kündigung, auch bezüglich der Sozialauswahl (siehe Seite 123).

INFO Druckkündigungen

Druckkündigungen sind eine Sonderform der betriebsbedingten Kündigung. Sie erlaubt die Kündigung, wenn eine Weiterbeschäftigung zu schweren Schäden für den Arbeitgeber führt. Beispiele: Die endgültige Weigerung der Kollegen, mit dem betreffenden Arbeitnehmer weiterzuarbeiten, Drohung eines Geschäftspartners, die Geschäftsbeziehung abzubrechen, wenn ein bestimmter Arbeitnehmer nicht entlassen wird ...

Bei betriebsbedingten Kündigungen aus außerbetrieblichen Gründen muss der Unternehmer sich umfangreich rechtfertigen. Führt er dagegen innerbetriebliche Gründe ins Feld, hat er großen Entscheidungsfreiraum. Aber auch betriebsbedingte Kündigungen müssen verhältnismäßig und sozial ausgewogen sein.

◼ Die Sozialauswahl

Werden betriebsbedingte Kündigungen ausgesprochen, können Sie als Arbeitnehmer nicht gegen die Entscheidung als solche vorgehen. Allerdings sind die Kündigungen daraufhin zu überprüfen, ob die soziale Auswahl richtig getroffen wurde. Sie als Arbeitnehmer können verlangen, dass Ihnen die Kriterien offengelegt werden, nach denen die Sozialauswahl bei der Kündigung vorgenommen wurde. Aber: Nicht der Arbeitgeber muss beweisen, dass er die zu kündigenden Mitarbeiter fehlerfrei ausgewählt hat, sondern Sie als gekündigter Arbeitnehmer müssen nachweisen, dass der Arbeitgeber bei der Sozialauswahl einen Fehler gemacht hat.

Die Sozialauswahl muss zwischen allen vergleichbaren Arbeitnehmern stattfinden. Insbesondere sind folgende Faktoren bei der Sozialauswahl zu berücksichtigen:

- Dauer der Betriebszugehörigkeit

- Alter

- Familienstand

- Versorgungspflichtige Kinder

- Aussichten auf eine neue Stelle

- Andere mögliche soziale Gesichtspunkte

Nur der Arbeitnehmer darf nach der Sozialauswahl entlassen werden, der am wenigsten schutzwürdig ist. Vergleichbar sind solche Arbeitnehmer, die austauschbar sind. Das ist dann der Fall, wenn ihre Tätigkeit auch von einem anderen Arbeitnehmer im Betrieb übernommen werden kann, ohne dass dessen Arbeitsvertrag geändert werden müsste. Arbeitnehmer sind bezüglich der Austauschbarkeit aber immer nur innerhalb derselben Hierarchieebenen zu vergleichen (horizontale Vergleichbarkeit). Innerhalb einer Hierarchiestufe sind Vollzeit- und Teilzeitbeschäftigte vergleichbar. Eine kurze Einarbeitungszeit steht der Vergleichbarkeit nicht entgegen.

Arbeitnehmer, die in der Probezeit sind oder noch keinen Kündigungsschutz haben, müssen vom Arbeitgeber üblicherweise vorrangig gekündigt werden. Wenn der Arbeitgeber meint, dass bestimmte Arbeitnehmer nicht entlassen werden können, weil deren Weiterbeschäftigung wegen ihrer Kenntnisse, Fähigkeiten und Leistungen im berechtigten betrieblichen Interesse liegt, dann muss er diese Einschätzung beweisen können. Ist er dazu in der Lage, muss er solche Mitarbeiter nicht in die Sozialauswahl einbeziehen (§ 1 Abs. 2 KSchG).

Wurde die betriebliche Organisation so verändert und umgestellt, dass gesundheitlich entsprechend geschädigte

Mitarbeiter nicht mehr weiterbeschäftigt werden können, darf diesen Mitarbeitern gekündigt werden, ohne dass eine Sozialauswahl getroffen werden muss. Der Grund: Eine Sozialauswahl ist nur zwischen „vergleichbaren Arbeitnehmern" möglich. Der Arbeitgeber kann auch kündigen, wenn er eine Vollarbeitskraft benötigt, der betreffende Arbeitnehmer aber lediglich halbe Tage arbeiten will. Voraussetzung dafür ist, dass die entsprechende Position ausschließlich für Vollzeit vorgesehen war und dass die diesbezügliche Entscheidung nicht „offenbar unsachlich,

unvernünftig oder willkürlich" ist. Bei einer solchen Kündigung müssen Vollzeitkräfte nicht in die soziale Auswahl einbezogen werden.

Fehler bei der Sozialauswahl sind einer der häufigsten Streitpunkte in Arbeitsgerichtsprozessen, wenn es um betriebsbedingte Kündigungen geht. Das Arbeitsgericht beschränkt sich aber auf die Überprüfung der nicht gekündigten Arbeitnehmer, die Sie als gekündigter Arbeitnehmer benennen.

■ Außerordentliche fristlose Kündigung ist nur mit wichtigem Grund möglich

Eine außerordentliche fristlose Kündigung kann nur ausgesprochen werden, wenn ein so wichtiger Grund vorliegt, dass dem Arbeitgeber nicht zuzumuten ist, länger mit dem Mitarbeiter zusammenzuarbeiten. Bei einer außerordentlichen Kündigung muss zuvor nicht immer abgemahnt worden sein. Aber: In einer Abmahnung kann eine außerordentliche Kündigung angedroht werden.

Das Recht auf außerordentliche Kündigung hat Ihr Arbeitgeber immer. Es kann zwar im Arbeitsvertrag auf bestimmte beispielhaft aufgezählte Sachverhalte eingeschränkt werden, aber ein Ausschluss ist nicht möglich. Das bedeutet, dass die beispielhaft aufgezählten Sachverhalte immer als wichtiger Grund gelten, der zur

außerordentlichen Kündigung berechtigt. Daneben bleiben aber andere wichtige Gründe bestehen.

Grundsatz auch bei der außerordentlichen Kündigung: Sie muss verhältnismäßig sein. Außerdem muss der Grund so schwerwiegend sein, dass es dem Arbeitgeber nicht zuzumuten ist, das reguläre Vertragsende abzuwarten (bei befristeten Verträgen) oder die Kündigungsfristen einzuhalten. Das Vertrauen muss also nachhaltig und schwer gestört sein. Das ist der Fall bei Diebstahl, groben Beleidigungen in der Öffentlichkeit, schwerer Bedrohung von Vorgesetzten, Kollegen oder Mitarbeitern, Mobbing, sexueller Belästigung, ausländerfeindlichen Parolen, heimlichem Mitnehmen von Unterlagen, um eine Strafanzeige vorzubereiten, beharrlicher Arbeitsverweigerung, Verstoß gegen ein betriebliches Rauchverbot, wenn dadurch das Leben oder die Gesundheit anderer konkret gefährdet wurden, oder wiederholter Verletzung eines Alkoholverbots.

WICHTIG Zugangsfrist

Wenn der Arbeitgeber von einem Grund erfährt, der eine außerordentliche Kündigung rechtfertigt, muss er – gerechnet ab diesem Zeitpunkt – so kündigen, dass die Kündigung innerhalb von zwei Wochen zugeht (§ 626 Abs. 2 BGB). Versäumt der Arbeitgeber diese Frist, ist sein Recht auf außerordentliche Kündigung verfallen.

Eine außerordentliche Kündigung kann auch in einer Abmahnung angedroht werden. Macht der Arbeitnehmer dann denselben Fehler nochmals, kann ihm fristlos gekündigt werden. Die Zwei-Wochen-Frist beginnt dann aber erst nach dem letzten Verstoß. Begründet der Arbeitgeber die Kündigung durch wiederholte Vorfälle (mehrmaliges unerlaubtes Überziehen des Urlaubs beispielsweise), wahrt er die Frist, wenn sich der letzte Vorfall innerhalb von zwei Wochen vor der Kündigung ereignet hat. Handelt es sich bei dem Betreffenden um einen Schwerbehinderten, eine Mitarbeiterin im Mutterschutz oder ein Betriebsratsmitglied, kann die Zwei-Wochen-Frist überschritten werden. Voraussetzung dafür: Der Arbeitgeber kündigt unverzüglich, nachdem die Hauptfürsorgestelle der Kündigung zugestimmt hat.

Auch bei einer außerordentlichen Kündigung haben Sie Anspruch auf den Lohn, der bis dato angefallen ist, es sei denn, Sie haben selbst fristlos gekündigt, ohne dass Ihnen der Arbeitgeber dazu einen wichtigen Grund gegeben hat. In diesem Fall müssen Sie dem Arbeitgeber den Schaden ersetzen, der ihm durch die außerordentliche Kündigung entsteht. Haben Sie aus wichtigem Grund gekündigt, muss der Arbeitgeber Ihnen den daraus entstehenden Schaden ersetzen.

Wichtig: Bei einer außerordentlichen Kündigung müssen immer die Besonderheiten des Einzelfalls und die soziale Lage des Arbeitnehmers mit in Betracht gezogen werden. Der Arbeitgeber darf auch hier nicht „mit Kanonen auf Spatzen schießen".

Und tschüss: Die Ausgleichsquittung verpflichtet Sie zu nichts

Wenn das Unternehmen den Arbeitnehmern, von denen es sich trennt oder die sich von ihm trennen, die Arbeitspapiere herausgibt, verlangt es im Gegenzug meist die Unterschrift unter eine sogenannte Ausgleichsquittung. Sie belegt, dass es den Arbeitnehmern die ihnen zustehenden Papiere ausgehändigt hat.

Oft enthalten solche Ausgleichsquittungen aber auch die Erklärung, dass Sie darauf verzichten, weitere Ansprüche gegen die Firma zu erheben. Da heißt es dann beispielsweise, dass „mit dem Empfang der Papiere alle Ansprüche aus dem Arbeitsverhältnis erloschen sind". Wenn Sie eine solche Quittung unterschrieben haben und Ihnen danach auffällt, dass Sie noch Anspruch auf Urlaub beziehungsweise dessen Abgeltung haben, wird Ihre Forderung häufig abgewiesen, weil Sie ja angeblich auf alles verzichtet hätten.

Lassen Sie sich hier nicht ins Bockshorn jagen. Auch wenn Sie als gekündigter Arbeitnehmer Ihrem Arbeitgeber die unterschriebene Ausgleichsquittung zurückgeschickt oder -gegeben haben, verzichten Sie damit nicht automatisch auf alle Ihre Ansprüche. Und zwar noch nicht einmal dann, wenn der Text auf der Quittung genau das sagt. Auf keinen Fall verzichten Sie mit einer Pauschalformulierung auf die Ansprüche, für die Sie bereits das Arbeitsgericht angerufen haben. Eine Ausnahme gilt nur dann, wenn in der Ausgleichsquittung dieser Anspruch ganz explizit erwähnt ist und Sie per Unterschrift ausdrücklich darauf verzichtet haben (LAG Rheinland-Pfalz, Urteil vom 5.3.1998 – 5 Sa 237/98).

Eine mögliche Drohung nach dem Motto „Ohne Unterschrift keine Rückgabe der Papiere" geht ins Leere. Denn Ihr Ex-Arbeitgeber muss Ihnen die Arbeitspapiere auf jeden Fall herausgeben. Dazu ist er gesetzlich verpflichtet. Das einzige, was die Firma wirklich von Ihnen verlangen kann, ist, dass Sie den Empfang der Papiere quittieren, mehr aber auch nicht.

Achtung: Verwechseln Sie nicht Ausgleichsquittung mit Ausgleichsklausel. Eine Ausgleichsklausel ist eine beidseitige Erklärung von Arbeitgeber und Arbeitnehmer, dass mit einem Vergleich – etwa vor dem Arbeitsgericht – alle gegenseitigen Ansprüche erledigt sind.

Die Abfindung: Arbeit oder Geld?

Eine Abfindung ist die Entschädigung, die ein Mitarbeiter als Ausgleich für die Nachteile erhält, die mit der Auflösung seines Arbeitsverhältnisses verbunden sind. Abfindungen können in einer Summe, in Teilbeträgen oder in fortlaufenden Beträgen ausgezahlt werden.

Abfindungen als Entlassungsentschädigungen gibt es nicht nur für Vollzeit Arbeitende. Auch Teilzeitbeschäftigte oder Mini-Jobber können Anspruch auf Abfindungen haben. Zu den Abfindungen zählen auch Zahlungen, mit denen entgangene Verdienstmöglichkeiten für die Zeit nach Beendigung des Dienstverhältnisses abgegolten werden. Dabei ist es gleichgültig, ob überhaupt und, wenn ja, auf welcher Rechtsgrundlage die Zahlung der Abfindung beruht. Zum Beispiel kann Ihnen Ihr Arbeitgeber bei einer aus dringenden betrieblichen Erfordernissen ausgesprochenen betriebsbedingten Kündigung eine Abfindung anbieten.

Grundsätzlich sind Abfindungen steuerpflichtiges Entgelt. Es gibt dafür keine Steuerfreibeträge mehr! Sie können aber am Ende des Jahres bei der Einkommensteuererklärung die Fünftelregelung (§ 34 Abs. 1 EStG) in Anspruch nehmen. Sie mindert die Steuerlast, weil sie die Progression kappt. Als außerordentliche Einkünfte (§ 34 Abs. 2 EStG) kommen dabei u. a. der Ersatz für entgangene beziehungsweise entgehende Einnahmen oder für die Aufgabe beziehungsweise Nichtausübung einer Tätigkeit sowie Einkünfte aus einer früheren nicht selbstständigen Arbeit in Betracht.

TIPP Die Fünftelregelung

Bei einer Abfindung steigt das Einkommen in einem Jahr meist rasant an, womit auch die Steuer rasant und wegen der Progression überproportional ansteigt. Bei der Fünftelregelung wird der Progressionssprung dadurch abgemildert, dass die Zahlung rechnerisch auf 5 Jahre verteilt wird. Gerechnet wird: Steuer inklusive 1/5 der außerordentlichen Einkünfte minus Steuer ohne außerordentliche Einkünfte. Der Unterschiedsbetrag, der sich ergibt, wird mit fünf multipliziert. Das Ergebnis ist der Steuerbetrag, der gezahlt werden muss.

■ Voll in die Progression

Die Theorie: Unter bestimmten Voraussetzungen sind Abfindungen nach der sogenannten Fünftelregelung steuerbegünstigt. Die Realität: Über die Voraussetzungen und auch über die Höhe der Steuerbegünstigung gibt es oft Streit mit dem Finanzamt. Einige Arbeitnehmer haben sich hier schon bis zum höchsten deutschen Gericht in Steuerfragen durchgeklagt – mal mit mehr, mal mit weniger Erfolg:

Es ist nicht geregelt, wie verfahren werden muss, wenn jemand in einem Jahr eine Abfindung und Arbeitslosengeld oder andere Lohnersatzleistungen erhält, die zwar steuerfrei sind, aber dem Progressionsvorbehalt unterliegen. Der Bundesfinanzhof meint recht arbeitnehmerunfreundlich, dass die steuerfreien Einkünfte nicht nur zu einem Fünftel, sondern in voller Höhe dem verbleibenden zu versteuernden Einkommen hinzugerechnet werden müssen (BFH, Urteil vom 22.9.2009 – IX R 93/071). Ebenso arbeitnehmerunfreundlich ist seine Einstellung, dass der Progressionsvorbehalt auch dann angewendet werden muss, wenn das zu versteuernde Einkommen ausschließlich aus außerordentlichen Einkünften besteht (BFH, Urteil vom 1.4.2009 – IX R 87/07).

■ Strecken ist erlaubt

Wenn Ihnen die Fünftelregelung zu umständlich ist, können Sie Ihre Abfindung ganz einfach auf 2 Jahre aufteilen. Dann steigt Ihr Jahreseinkommen jeweils nur um so viel, wie Sie wollen. Wenn Sie den Löwenanteil der Abfindung in das folgende Jahr, in dem Sie wahrscheinlich wegen der Arbeitssuche deutlich weniger Geld verdienen werden, verschieben, verläuft die Steuerprogressionskurve sehr viel flacher. Wenn Ihr Arbeitgeber damit einverstanden ist – auch er profitiert davon, da er seine Liquidität schont –, muss das Finanzamt diesen „Steuerspartrick" akzeptieren (BFH, Urteil vom 11.11.2009 – IX R 1/09). Das gilt auch dann, wenn in der Betriebsvereinbarung festgelegt wurde, die Abfindung im November des Jahres der Kündigung auszuzahlen. Von dieser Regelung darf der Arbeitgeber auf Ihren Wunsch abweichen – und das Finanzamt muss es akzeptieren.

Achtung: Mit einer Aufteilung der Abfindung auf zwei Kalenderjahre verlieren Sie die Fünftelregelung. Denn Voraussetzung für die Fünftelregelung ist immer, dass eine Zusammenballung von Einkünften vorliegt. Dazu ist unter anderem erforderlich, dass die Abfindung in einem Kalenderjahr ausgezahlt wird.

Wie in der Schule: Das Zeugnis ist wichtig

In einem Arbeitszeugnis darf nichts Negatives geäußert werden. Deshalb werden Schwächen und Fehler des Mitarbeiters mithilfe einer speziellen Zeugnissprache positiv umschrieben. So weiß ein Eingeweihter trotzdem, was er tatsächlich von der Bewertung zu halten hat. Zeugnisse gibt es als sogenannte Schlusszeugnisse (bei Beendigung des Arbeitsverhältnisses) und als Zwischenzeugnisse (bei noch laufendem Arbeitsverhältnis).

■ Das darf nicht ins Zeugnis

Kein Arbeitgeber darf (und wird folglich auch nicht) in ein Zeugnis schreiben, dass ein Mitarbeiter sehr stressanfällig war und regelmäßig die Nerven verloren hat, sobald eine Aufgabe nicht der Routine entsprach. Die meisten schweigen dann einfach zu diesem Punkt. Denn wer aus Gefälligkeit einem ehemaligen Mitarbeiter „hohe Belastbarkeit" bescheinigt, könnte sich dem neuen Arbeitgeber gegenüber – der auf das Zeugnis vertraut hat – schadensersatzpflichtig machen. Auch Fehlzeiten wegen Krankheit dürfen nicht erwähnt werden, es denn, die Fehltage haben mehr als die Hälfte der gesamten Beschäftigungszeit ausgemacht.

Fehltritte und Vergehen darf der Arbeitgeber aber sehr wohl im Zeugnis nennen (aufgrund seiner Haftung gegenüber möglichen neuen Arbeitgebern muss er das sogar). Unumgängliche Voraussetzung dafür ist, dass die Verfehlungen mit dem Beruf und der ausgeübten Tätigkeit zu tun hatten. So muss die Untreue eines Buchhalters ebenso erwähnt werden wie die Trunkenheitsfahrt eines Außendienstmitarbeiters mit dem Dienstfahrzeug. Nichts im Zeugnis zu suchen hat dagegen die Tatsache, dass der Buchhalter in betrunkenem Zustand mit seinem Privatwagen gefahren ist.

Gesundheitliche Probleme haben im Zeugnis nur dann etwas zu suchen, wenn sie endgültig sind, also nicht gebessert oder geheilt werden können. Weitere Voraussetzung: Die Krankheit muss die Leistung des Mitarbeiters auf Dauer deutlich reduzieren. Krankheitsbedingte Fehlzeiten darf der Arbeitgeber dagegen grundsätzlich nicht erwähnen.

Entlassungsgründe dürfen nur genannt werden, wenn Sie als Mitarbeiter es wünschen. Eine fristlose Kündigung darf im Zeugnis nicht als solche bezeichnet werden. Das ist aber auch nicht nötig, denn allein die Tatsache, dass ein Arbeitnehmer nicht zu einem „üblichen" Kündigungstermin ausgeschieden ist, zeigt jedem versierten Zeugnisleser eine fristlose Kündigung an.

Ein Zeugnis muss immer mit dem Datum des Ausscheidens ausgestellt werden. Und zwar auch dann, wenn es über den Inhalt eines ersten Zeugnisses zum Streit vor dem Arbeitsgericht gekommen ist und das Zeugnis neu geschrieben werden musste. Denn sonst würde jeder neue Arbeitgeber sofort erkennen, dass das Zeugnis nachgebessert wurde.

Wenn Sie als Arbeitnehmer ein Zwischenzeugnis haben wollen, muss Ihr Arbeitgeber Ihrem Wunsch aufgrund seiner Fürsorgepflicht nachkommen. Allerdings kann er darauf bestehen, dass Sie Ihren Wunsch begründen. Als Gründe für ein Zwischenzeugnis gelten ein Wechsel des Vorgesetzten, die Versetzung oder Beförderung des Arbeitnehmers, das Ablaufen einer längeren Probezeit, die Reorganisation des Unternehmens, ein Betriebsübergang, eine Betriebsstilllegung, Wehrdienst oder Erziehungsurlaub.

■ *So werten Sie die Aussagen*

Auch wenn sich Ihr Zeugnis auf den ersten Blick positiv liest, sollten Sie es genau auf versteckte und kaschierte negative Äußerungen hin analysieren.

Positiv kann der Zeugnisleser werten, wenn …

- … das Zeugnis einen Umfang von rund zwei Seiten hat.

- … die Tätigkeitsbeschreibung anspruchsvoll ist.

- … die Formulierungen individuell sind.

- … keine Standardfloskeln verwendet wurden.

- … Aussagen zur Teamfähigkeit getroffen werden.

- … Fort- und Weiterbildungen erwähnt werden.

- … der genannte Kündigungsgrund plausibel erscheint.

- … die Schlussformel herzlich ist.

Negativ muss der Zeugnisleser werten, wenn …

- … wichtige Aspekte der ausgeübten Tätigkeit fehlen.

- … positive Aussagen subtil eingeschränkt werden („Er engagierte sich in einem Fachverband und galt dort als Fachmann", „Er betätigte sich bei diesem Projekt und zeigte dabei organisatorisches Talent").

- … das Zeugnis viele Standardsätze enthält.

- … das Zeugnis viele Passivformulierungen enthält („wurde eingestellt", „wurde ihm übertragen", „wurde er versetzt").

- … Selbstverständliches hervorgehoben wird, zum Beispiel bei einer Sekretärin, dass sie Briefe schreiben oder Post sortieren kann.

- … persönliche Qualitäten, die mit der ausgeübten Tätigkeit nichts zu tun haben, gelobt werden, zum Beispiel dass ein Außendienstmitarbeiter seinen Dienstwagen regelmäßig gewaschen und ausgesaugt hat.

- … viel zur Führung und wenig zur Leistung gesagt wird.

- … das Zeugnis keinen Hinweis auf Solidarität zum Unternehmen enthält.

- … kein Grund für das Ende des Arbeitsverhältnisses genannt wird (dann wurde dem Bewerber vom Arbeitgeber gekündigt).

- … der Bewerber zu einem ungewöhnlichen Datum ausgeschieden ist (dann wurde ihm entweder fristlos gekündigt oder er hat seine frühere Arbeitsstelle vertragswidrig verlassen).

■ Zeugnisnoten

Wenn es um die konkrete Bewertung des zu Beurteilenden geht, spielen vor allem die Steigerungsform und der Zeitfaktor eine wesentliche Rolle, wie die folgende Übersicht zeigt:

- Sehr gut (1): Er/Sie erfüllte die Anforderungen stets zu unserer vollsten Zufriedenheit./Wir waren zu jeder Zeit und in jeder Hinsicht außerordentlich zufrieden.

- Gut bis sehr gut (1–2): … zu unserer vollsten Zufriedenheit/… immer sehr zufrieden.

- Gut (2): … stets zu unserer vollen Zufriedenheit/… sehr zufrieden.

- Befriedigend (3): … zu unserer vollen Zufriedenheit/… zufrieden.

- Ausreichend (4): … zu unserer Zufriedenheit/… war befriedigend.

- Mangelhaft (5): … im Großen und Ganzen zufriedenstellend/befriedigend.

- Ungenügend (6): … war bemüht, seinen Aufgaben gerecht zu werden.

- Völlig ungenügend (6 Minus): … hat sich im Rahmen seiner Möglichkeiten Mühe gegeben, den Aufgaben gerecht zu werden.

Arbeitszeugnis

…ren am 04.04.1956, wohnhaft in Wiesenweg …
…8 bis zum 30. Juni 2011 in unserem Unterneh…
…tätig.

…its über sehr gute Fachkenntnis…
…szeit die Leitung unserer Beraterab…
…fekten Englischkenntnisse war Herr M…
…hr geschätzt und beliebt.

■ Ihr Arbeitgeber muss die Form wahren

Das Arbeitszeugnis ist grundsätzlich auf haltbarem Papier von guter Qualität auszustellen. Es muss sauber und ordentlich geschrieben sein und darf keine Flecken, Verbesserungen, Durchstreichungen oder Rechtschreibfehler enthalten. Sie können auch verlangen, dass das Zeugnis in einheitlicher Schrift abgefasst wird (BAG, Urteil vom 3.3.1993 – 5 AZR 182/92). Jedoch ist Ihr Arbeitgeber nicht verpflichtet, das Zeugnis in einer großen Versandtasche mit gesteiftem Rücken zu versenden. Er darf den Zeugnisbogen also knicken, um ihn in einem Umschlag kleineren Formats unterzubringen. Allerdings muss das Originalzeugnis kopierfähig sein und die Knicke dürfen sich nicht auf den Kopien abzeichnen, zum Beispiel durch Schwärzungen (BAG, Urteil vom 21.9.1999 – 9 AZR 893/98).

Eine Anschrift hat im Zeugnis nichts zu suchen. Sie darf deshalb nicht im für Briefe üblichen Adressenfeld aufgeführt werden. Der Grund: Dies könnte den Eindruck erwecken, das Zeugnis sei dem ausgeschiedenen Arbeitnehmer nach einer außergerichtlichen oder gerichtlichen Auseinandersetzung über den Inhalt postalisch zugestellt worden (LAG Hamm, Urteil vom 17.6.1999 – 4 Sa 2587/98). Zudem muss das Arbeitszeugnis auf einem Bogen geschrieben sein, bei dem der ordnungsgemäße Briefkopf Ihres Arbeitgebers eingedruckt ist. Name und Postition des Zeugnisausstellers müssen

erkennbar sein. Ein Zeugnis ist nicht ordnungsgemäß ausgestellt, wenn es nur mit einem der Unterschrift beigefügten Firmenstempel versehen ist (BAG, Urteil vom 3.3.1993 – 5 AZR 182/92).

Ein Zeugnis muss klar und verständlich formuliert sein (Grundsatz der Zeugnisklarheit, § 109 Abs. 2 Gewerbeordnung/GewO). Der Zeugnisinhalt bestimmt sich nach dem Zeugnisbrauch. Dieser kann nach Branchen und Berufsgruppen unterschiedlich sein. Lässt ein erteiltes Zeugnis übliche Formulierungen oder nach der Verkehrssitte üblicherweise aufgenommene Sätze ohne sachliche Rechtfertigung aus, haben Sie Anspruch auf Ergänzung. Die Auslassung eines bestimmten Inhalts, der von einem einstellenden Arbeitgeber in einem Zeugnis erwartet wird, kann auch ein unzulässiges Geheimzeichen sein (BAG, Urteil vom 12.8.2008 – 9 AZR 632/07).

Der Arbeitgeber muss das Zeugnis in der Überschrift als solches bezeichnen und darf nicht die persönliche Anrede wählen, sondern muss es in der dritten Person abfassen (LAG Düsseldorf, Urteil vom 23.5.1995 – 3 Sa 253/95).

Geheimcodes: Interessantes zwischen den Zeilen

Tatsächliche Bedeutung

- Er/Sie arbeitete sehr genau.

- Er/Sie verfügt über ein gesundes Selbstbewusstsein.

- Er/Sie wusste sich gut zu verkaufen.

- Er zeigte großes Einfühlungsvermögen.

- Er/Sie hat alle Arbeiten ordnungsgemäß erledigt. Oder: Er/Sie hat alle Arbeiten pflichtbewusst erledigt.

- Er/Sie machte viele Verbesserungsvorschläge.

- Er/Sie zeigte für die Arbeit Verständnis.

- Seine/Ihre Pünktlichkeit war beispielhaft.

- Er/Sie löste seine/ihre Aufgabe in seinem/ihrem und im Interesse der Firma.

- Er/Sie setzte sich engagiert für die Belange der Kollegen ein.

- Das Ausscheiden erfolgt aus organisatorischen Gründen.

- Das Arbeitstempo ließ stark zu wünschen übrig.

- Er oder sie ist ein Angeber.

- Er oder sie ist ein unangenehmer Wichtigtuer.

- Er ist ein Frauenheld, der keine weibliche Mitarbeiterin in Ruhe lässt.

- Der Bewerber hat keinerlei Eigeninitiative gezeigt, sondern nur das gemacht, was man ihm sagt.

- Mit einem solchen Mitarbeiter ist der Betriebsfriede dahin, weil er oder sie immer alles besser weiß.

- Der Bewerber drückt sich vor Arbeit, ist faul.

- Sonst hatte der Mitarbeiter nichts zu bieten, was positiv erwähnt werden könnte.

- Der Bewerber ist entweder illoyal der Firma gegenüber gewesen oder er/sie hat gestohlen.

- Er/sie ist Mitglied des Betriebsrats. Achtung: Dies ist ein unzulässiger Hinweis!

- Der frühere Arbeitgeber ist froh, den Mitarbeiter los zu sein.

Adressen, die weiterhelfen

www.gesetze-im-internet.de

Hier können Sie fast alle Gesetze und Rechtsverordnungen kostenlos abrufen.

www.vdaa.de

Die Webseite des Verbands deutscher ArbeitsrechtsAnwälte e.V. unterstützt Sie bei der Suche nach einem Fachanwalt für Arbeitsrecht und bietet Hinweise auf aktuelle Entscheidungen und Entwicklungen.

www.finanztip.de/d/arbeitsrecht/Arbeitnehmer.htm

www.gutefrage.net/alles-zu/arbeitnehmer/arbeitsrecht/1

www.arbeitsrecht.de

www.arbeitsrecht.org/arbeitnehmer/

www.betriebsrat.de

www.arbeitsrecht4free.de

Diese Internetportale und Webseiten bieten zahlreiche Fachinformationen, News, Hinweise, Urteile und andere Hilfestellungen rund um das komplexe Thema Arbeitsrecht.

Adressen, die weiterhelfen

http//de.wikipedia.org/wiki/Arbeitsrecht_(Deutschland)

Eine Einführung sowie diverse Links finden Sie in diesem Beitrag des bekannten Online-Lexikons.

Register

Claudia Ossola-Haring ist Diplom-Kaufmann. Sie hat
Betriebswirtschaftslehre an der Universität Mannheim
studiert. Dort hat sie auch im Fach Betriebswirtschaftliche
Steuerlehre promoviert. Sie führt ein Redaktions- und
Herausgeberbüro, schreibt Fachbeiträge und hält Vorträge
und Seminare zu Wirtschafts- und Personalthemen. Seit
2002 ist sie Professorin an der SRH Hochschule für Wirt-
schaft und Medien Calw.

© 2012 design cat GmbH

Genehmigte Lizenzausgabe
EDITION XXL GmbH
Fränkisch-Crumbach 2012
www.edition-xxl.de

Idee und Projektleitung: Sonja Sammüller
Layout, Satz und Umschlaggestaltung:
design cat GmbH

ISBN (13) 978-3-89736-239-0
ISBN (10)   3-89736-239-2

Bildnachweis

Alexander Raths 26
Anatema 18
andesign 59
Angela Waye 80
auremar 117
c. 10-11
CREATISTA 109
Diego Cervo 52-53/103
Dmiriy Shironosov 36-37
Elena Elisseva 21
Feng Yu 30
Felix Mizioznikov 67
filmfoto 43/57/110-11
Franck Boston 48
gualtiero boffi 114
Kurhan 6-7/8-9
Kzenon 89
Lisa S. 14/141
LiliGraphie 34
mast3r 125
NAN728 140
Nigelspiers 77
olly 64
paul prescott 91
qvis 55
S. Borisov 107
Semisatch 99
Sergei Khakimullin 32
unclenikola 145
yien Keat 71